Eser Akbaba, Jürgen Pettinger • Sie şprechen ja Deutsch!

Eser Akbaba, Jürgen Pettinger

Sie şprechen ja Deutsch!

Traum und Wirklichkeit einer
anatolischen Österreicherin

Mit Illustrationen von Hüseyin Işık

Ich möchte dieses Buch meiner Mutter, Gülistan Akbaba, widmen. Sie ist der ausschlaggebende Grund dafür, wieso ich es geschrieben habe. Sie wollte gerne lesen und schreiben lernen und vielleicht einmal studieren. Aber das blieb ihr leider verwehrt. Sie ist Analphabetin und dadurch immer von anderen Menschen abhängig, vor allem von ihren Kindern. „Du sollst es einmal viel besser haben als ich. Du sollst studieren und von niemandem abhängig sein", waren ihre Worte an mich.

Eser Akbaba

Inhalt

Özet

Unvorhergesehene Wolken

Beklenilmeyen bulutlar

ser war wieder einmal allein zu Hause. Anne und Baba (Mama und Papa auf Türkisch) waren in der Arbeit, die Geschwister entweder noch in der Schule oder sonst irgendwo unterwegs. Es war ganz still. Nur gedämpft waren Geräusche von der Straße zu hören. Die Luft draußen war heiß und trocken. Es war Hochsommer, seit einigen Tagen war im Wetterbericht von einem Sahara-Hoch die Rede.

In der Küche, wo es wenigstens halbwegs kühl war, war Eser gerade mit einem Problem beschäftigt, das ihr seit einigen Tagen nicht mehr aus dem Kopf gehen wollte: Wie konnte es sein, dass Alice im Wunderland nicht in ihren eigenen Tränen ertrunken war? Eser hatte sich das Buch bei ihrer älteren Schwester ausgeborgt. Schon der Beginn der Geschichte mochte ihr aber nicht einleuchten: Nach dem Sturz in das Kaninchenloch war Alice mehrfach geschrumpft und gewachsen. Als Riesin hatte sie derart viel geweint, dass ihre Tränen das Zimmer überfluteten, und dann wäre sie als Zwergin fast darin ertrunken. Wie konnten sich Alice und die Maus an ein Ufer retten? Wie konnte es überhaupt ein

Ufer geben? Wenn in einem Zimmer so viel Wasser ist, dass man darin ertrinken kann, dann müsste doch das gesamte Zimmer überschwemmt sein. Ergo, so dachte Eser, konnte es kein Ufer geben. Ergo, keine Rettung. Und wieder ergo, kein Überleben. (*Ergo* war eines von Esers Lieblingswörtern, es klang für sie viel geistreicher als *also*.)

Eser überkam eine Gänsehaut. Nicht wegen des gruseligen Gedankens an einen allzu frühen Tod von Alice im Wunderland, sondern weil es sie plötzlich fröstelte. Während sie über Seen aus Tränen in geschlossenen Räumen sinniert hatte, hatte es offensichtlich stark abgekühlt. Daran fand Eser an und für sich nichts Besonderes. Erst gestern hatte Carl M. Belcredi, der berühmteste Wetter-Ansager seiner Zeit und der Mann, den sie so sehr bewunderte, dass sie ihn irgendwann heiraten wollte, im Fernsehen noch davon gesprochen, dass die Natur den Berechnungen manchmal ein Schnippchen schlagen könne. Auch fand es Eser nicht übermäßig seltsam, dass noch immer die Sonne schien. Als es aber zu tröpfeln begann, war sie mit einem Satz auf den Beinen. Denn die Tropfen fielen nicht von draußen auf die Fensterscheibe, sondern mitten im Zimmer auf ihren Kopf, das Buch und den Küchentisch. Es regnete. In der Küche. Das war dann doch recht seltsam. Direkt über Esers Platz war ein runder Fleck an der Decke entstanden. Er sah aus wie eine aufgemalte Regenwolke. Grau und schwer.

„Unvorhergesehen können ein paar Wolken hereinrutschen, Abkühlung bringen und kleinräumig sogar etwas Regen", hatte Belcredi gesagt. Eser bewunderte ihn, weil er immer alles wusste, auch wenn sich – so wie jetzt – manchmal erst im Nachhinein herausstellte, dass er recht hatte: Die Wolken waren ins Zimmer hereingerutscht und hatten tatsächlich ganz kleinräumig Regen und Abkühlung gebracht. Eser bekam gleich wieder Gänsehaut. Am Küchenboden hatte sich bereits ein kleiner See gebildet – *mit* einem Ufer, wie Eser feststellte. Allerdings hätte man schon klein wie eine Ameise sein müssen, um in dieser Pfütze in echte Gefahr zu geraten. Für eine Maus (oder einen Menschen so groß wie eine Maus) wäre sie definitiv zu klein gewesen. Sie wurde aber langsam immer größer und könnte tatsächlich, wenn es weiter regnete, bald das gesamte Zimmer ausfüllen. Eser sah sich in der Annahme bestätigt, dass es in überfluteten Räumen kein Ufer im eigentlichen Sinne geben könne und kleine Menschen und Tiere sich im Notfall auf Stühle, Tische oder andere Möbelstücke retten müssten. Aber mit Sicherheit an kein Ufer. – Das war der Beweis dafür, dass die Geschichte von *Alice im Wunderland* frei erfunden war und nichts mit dem echten Leben gemein hatte.

Bezüglich der Ursache des unvorhergesehenen Regens in der elterlichen Küche gibt es bis heute zwei Versionen zur Erklärung, die sich aber so stark voneinander unterscheiden, dass schwer zu sagen ist, welche wahr und welche falsch ist.

Version 1: Irgendjemand hatte ein Stockwerk darüber, im Zimmer der Kinder, nicht nur vergessen, das Fenster zu schließen, sondern auch nach einer kühlenden Gesichtswäsche den Wasserhahn im Bad (direkt über der Küche) abzudrehen, was es oben heiß wie in einem Backofen werden und unten regnen ließ.

Version 2: Die Geschehnisse hatten tatsächlich, wie von C. M. Belcredi am Vortag im Fernsehen vorhergesagt, mit einer schwachen Druckverteilung zu tun. Sollte das zutreffen, wäre es eine wissenschaftlich nicht erklärbare Sensation. Aber wo wäre die Welt heute, gäbe es keine Sensationen.

„Guten Abend beim Wetter!" Das ist nicht die kreativste Begrüßung, die man sich als Wettermoderatorin einfallen lassen kann, aber mit Sicherheit die präziseste; auf den Punkt gebracht, wie ich finde. So hat Carl Michael Belcredi seine Zuschauerinnen und Zuschauer auch immer begrüßt. In meiner Kindheit war er praktisch jeden Tag auf dem Fernsehschirm zu sehen und hat den Wetterbericht präsentiert. Der Mann war mein Held damals. Heute ist er mein Vorbild. Warum, kann ich gar nicht so genau sagen. Es gab auch schon in meiner Kindheit Aufsehen erregendere Fernsehstars. Gutaussehende Schauspieler, glamouröse Samstagabend-Showmaster, Sporthelden wie Niki Lauda. – Aber nein: C. M. Belcredi musste es sein. Der Allwissende, der Genaue, der Präzise. Das habe ich geliebt. Und die gemusterten Pullover natürlich, die er im Winter immer getragen hat, anstatt der üblichen und langweiligen Anzüge, die man bis heute bei Männern auf dem TV-Schirm gewohnt ist. So wollte ich auch sein: selbstbewusst, gescheit, echt und außergewöhnlich.

Ich bin Eser Akbaba und ich habe es geschafft! Zumindest stehe ich heute genau da, wo damals auch Carl M. Belcredi stand: im Wetterstudio. Naja, im selben Gebäude wenigstens und in der Redaktion, die er gegründet hat. Belcredi hat die täglichen Wetterberichte im österreichischen Fernsehen mehr oder weniger erfunden. Jene Sendungen, die bis heute zu denen mit den höchsten Einschaltquoten überhaupt zählen. Daran hat sich auch trotz Internet und Social Media kaum etwas geändert. Gerade in Zeiten des Klimawandels (oder lassen Sie mich besser weniger beschönigend Klimaerwärmung sagen) habe ich oft das Gefühl, dass vertrauenswürdige und seriöse Informationen über das Wettergeschehen und Prognosen sogar wichtiger sind als je zuvor.

Dabei habe ich gar nicht Meteorologie studiert, sondern Publizistik. Den Umgang mit Wetterdaten und -karten, wie sie ausgewertet und analysiert werden, habe ich erst später im Job gelernt. Learning by doing, genau wie Carl Michael Belcredi. Er hatte Zeitungswissenschaft studiert und wollte eigentlich Berufspilot werden. Wir haben also einiges gemeinsam, er und ich. Wir hatten beide etwas ganz anderes mit unseren Leben vor, sind mehr oder weniger zufällig zur Meteorologie gekommen und sind beide keine *echten* Österreicher, wie man so schön sagt. Belcredi war ein Flüchtlingskind aus Tschechien, ich bin ein Gastarbeiterkind aus der Türkei.

Meine Eltern sind sechs Jahre vor meiner Geburt von Ostanatolien in der Türkei, oder wie wir sagen, Doğu Anadolu, nach Österreich ausgewandert. Ich habe fünf Geschwister: Özaydın, Kemal, Serdar, Pınar und Ismail. Ich bin die Jüngste, mit Abstand. Zwischen allen liegen genau zwei Jahre Altersunterschied, nur zwischen Ismail (dem Zweitjüngsten) und mir sind es vier Jahre. Ich bin also die sprichwörtliche Nachzüglerin, das Nesthäkchen, oder wie wir auf Türkisch sagen: Anasının kuzusu. Das heißt übersetzt: Mutters Lamm. Wir sind eine echte Gastarbeiter-Bilderbuchfamilie, „mit alles" sozusagen.

Da meine Eltern Hausbesorger waren, hatten sie eine Dienstwohnung in dem Haus, in dem sie arbeiteten. Es war immer viel los bei uns. Sechs Kinder plus die Eltern und zeitweise auch noch die Großeltern väterlicherseits. Irgendjemand musste ja die Horde Kinder hüten, wenn meine Eltern arbeiteten. Und so haben Oma und Opa, Nine und Dede auf Türkisch, in der Anfangszeit eben auch bei uns gewohnt. Insgesamt waren wir damit zu zehnt. Weil die 30-Quadratmeter-Dienstwohnung dafür dann doch zu klein war, haben meine Eltern eine zweite kleine Wohnung direkt darüber dazu gemietet. Das hat sich damals zufällig so ergeben. Am Ende war die ganze Familie auf zwei kleine Wohnungen aufgeteilt. Eine Gastarbeiter-Maisonette, könnte man sagen.

Kleine Mimi

Auch wenn bei uns in der Familie die Männer in der Überzahl waren – Baba (heißt auf Türkisch Papa), Dede (heißt Opa), Ismail (der Zweitjüngste), Serdar (der Drittälteste), Kemal (der Zweitälteste) und Özaydın (der älteste Bruder) – waren doch die Frauen die größte Stütze für mich: Anne (Mama), Nine (Oma) und Pınar (die ältere Schwester). Auch wenn Pınar und mich sechs Jahre trennen,

(Küçük Mimi)

hatte ich zu ihr immer das engste Verhältnis. Sie war und ist wie eine Ersatzmutter für mich. Auch ihre Heirat nach Deutschland vor mittlerweile 23 Jahren hat daran nichts geändert. Für sie war und bin ich die kleine Mimi. Den Namen habe ich von ihr bekommen, als ich zehn war. Damals hatte ich eine Blinddarmoperation. Pınar hat mich im Krankenhaus besucht (natürlich mit der gesamten Familie; ich glaube mich sogar zu erinnern, dass ein paar Nachbarn dabei waren) und mir ein Stofftier geschenkt, das ich Mimi getauft habe. Seither nennt sie mich so. Die ursprüngliche Mimi – also das Stofftier – gibt es heute noch: Ich habe sie an meine Nichte, an Pınars Tochter, weitervererbt.

Als Pınar wegzog, war ich 16 Jahre alt. An diese Zeit kann ich mich nur dunkel erinnern. Ich weiß nur, dass ich mich verlassen gefühlt habe. Die Hochzeit meiner Schwester hat nicht nur ihr Leben, sondern auch meines umgekrempelt. Meine „zweite Mutter" war von einem Tag auf den anderen weg. Das hat damals vieles für mich verändert. So musste ich zum Beispiel plötzlich auch finanziell sehen, wo ich bleibe. Pınar hatte mir bis dahin immer etwas zugesteckt, weil das Taschengeld der Eltern natürlich nie reichte, als Jugendliche natürlich schon gar nicht mehr. Jetzt, wo Pınar weg war, war nicht nur meine seelische Stütze weg, mein Halt, sondern auch meine heimliche Geldgeberin. Also musste ich mein Leben erstmals selbst in die Hand nehmen. Ich begann, neben der Schule in einer Werbeagentur und in den Ferien zusätzlich in einer Pizzeria zu arbeiten. Aus dem Gefühl, verlassen worden zu sein, wurde schnell ein Gefühl der Unabhängigkeit. Nach der Matura begann ich dann, Vollzeit zu arbeiten und nebenbei zu studieren. Eigentlich sollte es umgekehrt sein (Vollzeit-Studium und nebenbei arbeiten), aber das ging sich beim besten Willen finanziell nicht aus. Außerdem war ich die Arbeit, und vor allem die Unabhängigkeit, schon gewohnt und hätte es auch gar nicht mehr anders gewollt.

Dass ich überhaupt studiert habe, ist meiner Mutter zu verdanken. Zumindest *ein* Kind sollte ein Studium abschließen. Erstens, weil es das Ansehen der Familie steigert und zweitens, weil Anne eben selbst nie in einer Schule war, geschweige denn an einer Uni. Ihr Vater wollte nicht, dass sie schreiben lernt. Sie hätte ja Liebensbriefe verfassen können, und das war für ihn ein absolutes No-Go. Irgendwie denke ich, dass meine Mama all das, was sie immer machen wollte – nämlich in die Schule gehen und anschließend vielleicht auch studieren –, durch mich quasi aufgeholt hat. Eigentlich bin ich mir sicher, denn sie war diejenige, die gesagt hat: „Anoş", so nennt sie mich bis heute, es bedeutet so viel wie *mein Baby*, „du heiratest erst dann, wenn du fertig studiert hast." – Ihr Wort in Allahs Ohr! Genau so ist es gekommen: Fünf Jahre nachdem ich meinen Abschluss hatte, habe ich geheiratet.

Meine Mama kann bis heute nicht lesen und schreiben, sie ist Analphabetin. Damals im Dorf meiner Eltern in Ostanatolien (Doğu Anadolu) war es ganz normal, dass Mädchen nicht in die Schule gingen und zu Hause blieben, bis sie (früh) heirateten.[1] Ihren Alltag kann meine Mutter zwar selbst bewältigen,

---

1 Seit der Gründung der Republik Türkei (1923) ist das Bildungsniveau der Frauen in der Türkei immer noch extrem viel niedriger als das der Männer. Die Analphabetinnen-Quote lag im Jahr 2008 am Land

aber ihren Traum, einmal ein Buch zu lesen, konnte sie sich nie erfüllen. Auch dieses hier werde ich ihr wohl vorlesen müssen.

Neue Welt

Aber auch, wenn meine Anne nicht lesen, 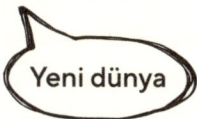 schreiben und nicht wirklich rechnen kann: Mama ist eine sehr gescheite und starke Frau und könnte für viele andere ein echtes Vorbild sein. Angekommen in der neuen Heimat fing sie sofort an zu arbeiten. Damals gab es Isi (so nennen wir meinen Bruder Ismail) und mich noch nicht – wir sind beide in Österreich geboren. Meine Schwester Pınar war gerade einmal sechs Monate alt. Meine Mutter musste zunächst alle Kinder – auch Baby Pınar – bei den Großeltern in der Türkei zurücklassen. Nicht lange, aber für eine Mutter doch zu lange. In Österreich gab es ja noch nichts: keine Wohnung für die ganze Familie, keine Schule etc. Und meine Eltern wussten nicht wirklich, was da in der Fremde auf sie zukommen würde, wie das mit den Jobs sein würde und ob sie nicht bald wieder zurück in die Türkei müssten. Mein Papa war auch erst kurze Zeit da, er war die Vorhut sozusagen. Er wurde damals vom Staat Österreich eingeladen zu kommen, als Arbeiter, und eigentlich nur für eine bestimmte Zeit, solange man ihn gebrauchen konnte. Für ihn und meine Mama muss es eine Reise ins Ungewisse ge-

---

noch bei 22,4 Prozent (mehr als jede vierte Frau) und in der Stadt bei 15 Prozent (mehr als jede sechste Frau). Nazike Demir, „Gewalt gegen Frauen in der Türkei", https://core.ac.uk/download/pdf/11597800.pdf

wesen sein. Erst nachdem sie sahen, dass alles so funktionieren könnte, wie sie es sich vorgestellt hatten, holten sie die Kinder nach. Nine und Dede brachten meine vier älteren Geschwister nach Österreich und blieben selbst noch ein paar Monate, bis die Familie in halbwegs stabilen Verhältnissen hier leben konnte. St. Pölten war die erste Station. Das war im Jahr 1973. Von einer kleinen Eser war längst noch keine Rede.

Mama und Papa arbeiteten zuerst in einer Textilfabrik in St. Pölten und wohnten auch dort, wie viele andere Gastarbeiter. Geplant war: arbeiten, Geld verdienen und nach ein paar Jahren wieder zurück in die Türkei gehen. Rotationsprinzip hieß das offiziell. Im Grunde war nie geplant, dass sie in Österreich bleiben, aber so ist es gekommen.

Es war geplant, dass die Gastarbeiter und Gastarbeiterinnen, die nach Österreich geholt wurden, rotieren sollten. Die Idee war es – so wurde es zumindest der österreichischen Bevölkerung verkauft – dass die Leute kommen, ihre Arbeit machen und dann wieder zurück in ihre Heimat gehen. Dann sollten die nächsten kommen, arbeiten und wieder gehen. Auch war geplant, dass die ins Land geholten Arbeitskräfte im Falle einer schlechteren Wirtschaftslage wieder zurückgeschickt werden können. Am Ende ist dieses Rotationsprinzip aber vor allem an Österreich selbst gescheitert. Die Unternehmen, die die Gastarbeiter einsetzten, wollten nicht ständig Leute anlernen und sie nach kurzer Zeit wieder austauschen. So kam es, dass Menschen wie meine Anne und mein Baba länger hiergeblieben sind als geplant, sie haben Kinder bekommen, eine Existenz aufgebaut und schließlich die Staatsbürgerschaft bekommen.

Als schlussendlich die gesamte Familie Akbaba (noch ohne mich und meinen Bruder) in Österreich war, musste freilich eine größere Wohnung her. Schnell stellte sich heraus, dass es wohl Wien werden würde. In der großen Stadt gab es einfach ein größeres Wohnungsangebot und viel mehr Jobs.

Meine Eltern fanden schließlich eine sogenannte Kategorie D-Wohnung im berühmten Kaisermühlen in Wien. Substandard freilich, mit WC und Wasserhahn auf dem Gang. – Für mich heute unvorstellbar, damals in Wien aber durchaus üblich. Nicht nur unter Ausländern, auch viele „Ur-Wienerinnen und -Wiener" haben so gewohnt. Gut also, dass ich noch nicht auf der Welt war, obwohl ich das später als Kind schon auch noch selbst miterlebt habe. Aber eben nur als Kind. Als Erwachsene kann ich mir es heute nicht vorstellen, mir ein WC mit mehreren anderen Parteien zu teilen oder das Wasser zum Kochen am Gang holen zu müssen.

Aber damals war vieles noch anders: Das Wort Integration zum Beispiel gab es zwar schon, es war nur noch kein wirkliches Thema in Politik und Gesellschaft. Es wurde erst ein paar Jahre später neu erfunden, nachdem klar war, dass aus der geplanten Rotation nichts werden würde, dass die Leute in Österreich bleiben würden. Deutschkurse gab es praktisch nicht, nur ganz vereinzelt, und dann mehr oder weniger von privater Seite organisiert, im WUK (Werkstätten- und Kulturhaus) in Wien zum Beispiel, das bis heute existiert und eine Art Veranstaltungs- und Kulturzentrum ist. Damals gab es aus Mangel an Alternativen die Idee eines Deutschunterrichts von Türken für Türken, aber auch das hat nicht lange funktioniert, weil alle immer arbeiten mussten, meist im Schichtbetrieb, und es für die

Arbeit, die die Gastarbeiter verrichteten, egal war, wie gut oder schlecht sie Deutsch konnten. Deutsch hätten sie ja vor allem im Privatleben gebraucht, beim Einkaufen, im Umgang mit den Nachbarn, bei Behördengängen und solchen Dingen.

Noch dazu hätten Menschen wie meine Mutter zuerst auch noch in der eigenen Muttersprache alphabetisiert werden müssen, bevor überhaupt nur ansatzweise ans Deutschlernen gedacht werden hätte können. Also alles viel zu aufwendig für den Staat, da wurde nicht einmal ein Funke an Energie darauf verschwendet. Hauptsache war, dass die Arbeit verrichtet wurde. Berührungspunkte mit den Gastarbeitern gab es so außerhalb der Fabriken kaum, wie auch, es konnte sich ja niemand verständigen, außer die Gastarbeiter untereinander, und selbst da nur die Türken mit den Türken, die Griechen mit den Griechen und die Jugoslawen mit anderen Jugoslawen. Nach der Arbeit ging jeder nach Hause. Wer wie und wo wohnte, interessierte niemanden. Sie waren alle nur da, um zu arbeiten.

Meine Eltern kommen aus Dersim, dem heutigen Tunceli, aus dem Osten der Türkei. Viele Dersimer verstehen sich zwar mehrheitlich als Kurden und werden auch als solche angesehen, sie haben aber eine eigene Sprache, die mit Kurdisch gar nichts zu tun hat: Zazaisch. Meine Mutter hätte also zuerst wie ein Volksschulkind Zazaisch richtig lernen müssen (Lesen, Schreiben, Grammatik), dann dasselbe auf Türkisch und dann auf Deutsch. Mein Vater hat ihr nach der Hochzeit zwar Türkisch beigebracht, richtig alphabetisiert wurde sie aber in keiner Sprache. Versucht hat sie es, das weiß ich.

Kaum Probleme mit den verschiedenen Sprachen hatten die

Kinder, meine älteren Geschwister: Sie sind in Anatolien mit Türkisch aufgewachsen. Das Deutschlernen passierte bei ihnen nebenbei in der Schule, wenn auch zu Beginn mit einigen Hürden. Learning by Doing, Kinder lernen schnell. Mein Bruder Isi und ich sind später sowieso gleich zweisprachig aufgewachsen. Türkisch und Deutsch. Und mit der Zeit haben wir auch ein bisschen Zazaisch gelernt. In der Schule sind dann irgendwann Englisch und Französisch dazugekommen. Fünf Sprachen von klein auf: Nicht schlecht, finde ich!

Volles Haus

Sobald klar war, dass wir alle fix und für immer in Österreich bleiben würden, dass

Dolu ev

wir also nicht „rotieren" würden, machten sich meine Eltern wieder auf Wohnungs- und Jobsuche. Und diesmal schlugen sie gleich beide Fliegen mit einer Klappe: Sie fanden einen Job als Hausbesorger mit der dazugehörigen Wohnung im 11. Wiener Gemeindebezirk, in Simmering. Und wie es der Zufall so wollte, war auch die Wohnung darüber noch frei, die sie gleich dazu mieteten. Jetzt hatten wir zwei Wohnungen: unten der Eltern-, Gäste-, Ess- und Spielbereich, oben die Kinderzimmer für alle sechs Kinder. Beides Substandard, eh klar. Nicht einmal in der Küche war fließendes Wasser. Das gab es nur am Gang. Nur oben im Kinderzimmer war ein Wasseranschluss für die Waschmaschine. Obwohl es – im Nachhinein gesehen – auch auf zwei Etagen immer noch recht eng war, hatten wir fast jedes Wochenende Full House. Immer waren Gäste da, Freunde der Eltern, Arbeitskollegen samt Familien, entfernte Verwandte, Bekannte inklusive deren Freunde und und und. Es war laut, eng und vor allem oft ziemlich stickig. Alles spielte sich damals im elterlichen Schlaf-/Wohn-/Esszimmer ab. Von dort stammen auch meine allerfrühesten Erinnerungen. Im Grunde habe ich in diesem Zimmer die ersten drei oder vier Jahre meines Lebens verbracht.

Ich war noch ein Baby, ein paar Monate alt, als meine Eltern wieder einmal Besuch von allen möglichen Leuten hatten, von entfernten Verwandten, die es auch nach Wien verschlagen hatte, Bekannten von entfernten Verwandten, Nachbarn, ehemaligen Arbeitskollegen. – Alle, die meine Eltern auch nur vom Hörensagen kannten, waren unsere Gäste. Für meine Eltern, vor allem für meine Mama, hieß das auch am Wochenende: Arbeit, Arbeit und noch einmal Arbeit. Sie musste kochen, auftischen, abräumen, abwaschen, Kaffee brühen, Tee machen und all das ohne Wasserhahn in der Küche. Baba war derweil mit den Gästen beschäftigt. Da wurde viel geredet, diskutiert, geschimpft, politisiert, gestritten und vor allen Dingen: geraucht. Meine ersten Erinnerungen an dieses Zimmer sind sehr vernebelt.

Es war oft so viel Rambazamba bei uns, dass den Gästen nicht einmal auffiel, dass ein weiteres Kind da war. Anne hat mir folgende Anekdote erzählt:

Baby Eser lag im Kinderbett, das allerdings etwas versteckt hinter der Türe stand. Es waren wieder Gäste im Haus, die sich stundenlang lautstark unterhielten und natürlich viel rauchten. Damals hat ja jeder geraucht. In unserem Fall nicht nur Zigaretten, sondern auch schweres Zeug: Tabakpfeifen und Zigarren.

Niemand hatte mich damals in dem Nebel und Lärm hinter der Türe bemerkt. Erst als Baby Eser anfing zu schreien, verstummten plötzlich alle. Mit einem neuen Baby im Haus, einem Kind Nummer sechs, hatte niemand gerechnet. Auch war offenbar niemandem aufgefallen, dass meine Mama nicht mehr schwanger war, einige haben vielleicht nicht einmal gewusst, dass sie überhaupt ein Kind erwartet hatte. Jedenfalls schien das nicht wichtig gewesen zu sein. Tatsächlich war das Kinderkriegen damals kein großes Thema in unserer Welt. Meine Eltern hatten ja schon vier Söhne und eine Tochter, ein weiteres Kind ging da so nebenbei. Kinder waren erst wichtig, sobald sie auf der Welt waren. Oder, wie in meinem Fall, sobald sie hinter der Türe entdeckt wurden. Ab diesem Zeitpunkt war ich das Gesprächs- und Diskussionsthema Nummer eins an diesem Tag, wurde herumgereicht, geküsst und geknuddelt. Geraucht wurde trotzdem weiter, so wichtig war den Erwachsenen die Gesundheit der Kinder dann doch wieder nicht. Und wie da geraucht wurde. An diese konkrete Situation kann ich mich freilich nicht erinnern, aber auch aus einer späteren Zeit habe ich den unteren Teil unserer Wohnung wirklich nur hinter einer Nebelmauer in Erinnerung. – Ich bin heute übrigens Nichtraucherin.

Tante Helga

Mein Paradies als Kind war mein Kindergarten in der Hasenleitengasse in Simmering.

Helga Teyze

Ich bestand sogar an den Wochenenden darauf, dorthin zu gehen. Was natürlich nie funktionierte, wohl weil Tante Helga, die beste Kindergartenpädagogin, die man sich vorstellen kann, auch einmal frei haben wollte. Mir war das damals egal. Ich habe meine Eltern jedes Wochenende regelrecht angefleht, mich in den Kindergarten zu Tante Helga zu bringen. – Sie war eine wichtige Bezugsperson für mich, seit ich ein Jahr alt war, und eine weitere wichtige Frau in meinem Leben. Meine Mama erzählt mir heute – offensichtlich habe ich sie damals mit meiner Kindergarten-Obsession wirklich genervt – dass ich das Wort *Nein* partout nicht akzeptieren wollte. Mir war es anscheinend völlig egal, ob es Wochenende oder Feiertag war – ich wollte zu Tante Helga!

Weil meine Eltern beide arbeiten mussten, haben sie mich (für türkische Verhältnisse und wohl auch die damalige Zeit) recht früh in den Kindergarten gesteckt und, ohne es zu wissen, damit den Grundstein für meine Zukunft gelegt: Ich bin nämlich so mit Deutsch mehr oder weniger als Muttersprache aufgewachsen. Zu Hause hätte das nie funktioniert: Wie sollen türkische beziehungsweise zazaische Muttersprachler einem Kind Deutsch auf Muttersprachen-Niveau beibringen? Mein Bruder Ismail und ich, die zwei einzigen Akbaba-Kinder, die in Österreich auf die Welt gekommen und gleich in den Kindergarten gesteckt worden sind, sind somit die einzigen Deutsch-Muttersprachler in der Familie. Andererseits sind wir auch die Einzigen, die bis ins Erwachsenenalter nicht wirklich gut Türkisch konnten. Ich habe Türkisch zum Beispiel erst so richtig von meinem späteren Ehemann gelernt. – So wiederholt sich die Geschichte. Erinnern Sie sich: Mein Vater hat meiner Mutter auch Türkisch beigebracht.

Im Kindergarten jedenfalls war ich ein kleines Pummelchen. Ich hatte Babyspeck und schlief zu Mittag gerne, im Gegensatz zu den meisten anderen Kindern, die sich täglich aufs Neue dagegen wehrten. An die Schlafmatten kann ich mich noch genau erinnern: Dunkelbeige waren sie, in der Modesprache würde man heute *Camel* sagen (übrigens aktuell wieder sehr trendig). Die Matten mussten wir nach unserem Mittagsschläfchen jeden Tag zusammenklappen und in die Fächer legen. Die einzigen zwei türkischstämmigen Kinder dort waren Umut und ich. Heute ist Umut ein erfolgreicher Unternehmer und hat einen Sohn. Ich kann mich nicht erinnern, dass Religion oder der ethnische Background damals überhaupt ein Thema waren. Wir waren eben alle einfach nur Kinder, ganz egal, welche Wurzeln wir hatten. Zu Weihnachten sangen wir alle Weihnachtslieder und einen Christbaum hatten wir auch. Zu Ostern suchten wir Ostereier und Süßigkeiten. Und am Faschingsdienstag waren wir alle verkleidet – ich als Prinzessin natürlich, als was denn sonst?

Mit Umut war ich nicht besonders eng befreundet, obwohl das auf den ersten Blick naheliegend gewesen wäre. Tatsächlich aber hatte ich mit anderen Kindern viel mehr gemeinsam. Meine Leidenschaft für Puppen war für Freundschaften dann doch ausschlaggebender als die Herkunft. Und sprachlich waren wir ja sowieso alle auf dem gleichen Niveau, egal ob mit österreichischem oder türkischem Background. Perfekte Deutschkenntnisse sind schließlich von keinem ein- oder zweijährigen Kind zu erwarten.

Es war ein Ganztagskindergarten, von acht Uhr in der Früh bis zirka 17 Uhr am Abend. Für fünf Jahre war das im Grunde mein zweites Zuhause. Ich glaube ja bis heute, dass Tante Helga mich wie ihr eigenes Kind gesehen hat, in so guter Erinnerung habe ich diese Frau. Wahnsinnig empathisch und liebevoll.

Einmal haben mich meine Eltern oder meine Geschwister im Kindergarten vergessen. Ich kann mich noch genau daran erinnern, wie ich ewig warten musste. Alle anderen Kinder waren schon weg, sie wurden nach und nach abgeholt. Nur ich bin übriggeblieben. Ich weiß noch, dass das kein gutes Gefühl war, ich bekam damals ein bisschen Panik und hatte Angst, dass überhaupt niemand mehr kommen würde. Und so war es dann auch. Tante Helga hat mit mir noch eine Zeit lang gewartet und irgendwann zu Hause angerufen. Anscheinend, das weiß ich aber natürlich nur von meiner Mama, hat sie niemanden erreicht. Handys gab es ja noch nicht. Meine nächste Erinnerung ist, wie ich in Tante Helgas Auto saß und sie mich nach Hause brachte. Es war ein grauer Wagen, das weiß ich noch, und dass sie einen Kindersitz hatte, obwohl sie selbst keine Kinder hatte. Es war offensichtlich nicht das erste Mal, dass sie ein vergessenes Kind nach Hause bringen musste. Ich kann mich sogar noch daran erinnern, wie wir direkt bis zu unserer Wohnungstüre gingen. Ich erwartete damals ganz selbstverständlich, dass ohnehin jemand zu Hause sein würde, aber so klar war das in Wirklichkeit ja nicht, nachdem Tante Helga am Telefon schon niemanden erreicht hatte. Am Ende machte meine Schwester Pınar die Türe auf, sie war allein daheim, weil beide Eltern Überstunden machen mussten. Pınar war damals neun oder zehn Jahre alt. Ich glaube ja, dass sie es war, die mich vom Kindergarten hätte abholen sollen und darauf vergessen hat. Oder meine Eltern haben ihr nicht gesagt, dass sie später kommen und mich holen soll. Wie auch immer: Ich war zu Hause und alles war wieder gut. Eine Szene, an die ich trotz allem gerne zurückdenke, weil sie mir Tante Helga noch nähergebracht hat. Ich hoffe, ihr geht es gut, egal, wo sie gerade ist!

Ausländer-Sein oder -Nichtsein

Es stimmt schon, wenn die Älteren heute oft sagen: „Werde nicht zu schnell erwachsen, genieße deine Kindheit." Damals aber war es irgendwie anders, zumindest bei uns: Wir Kinder wussten instinktiv, dass wir sehr wohl schnell erwachsen werden mussten. Und schließlich wurde das auch von den Erwachsenen so erwartet. Es wurde erwartet, dass wir mithelfen und Verantwortung übernehmen. In meiner Kultur ist das sehr stark verankert, vor allem bei den älteren Generationen. Und in einer Großfamilie bleibt den Eltern oft auch nicht viel anderes übrig, als den Kindern Aufgaben zu übergeben, vor allem, wenn beide Elternteile berufstätig sind.

Eigentlich war damals eine gewisse Existenzangst allgegenwärtig, auch wenn die Erwachsenen uns das nicht spüren lassen wollten. Ich wusste instinktiv in ganz jungen Jahren schon, dass es Probleme geben könnte, auch wenn es in Wirklichkeit nie ernsthaft welche gab. Aber dieses Urvertrauen, das die meisten Kinder zum Glück haben, hatte ich nicht. Wir Kinder bekamen natürlich sehr wohl mit, wie genau Anne und Baba das politische Geschehen verfolgten, sowohl in der Türkei als

Ybancı olmak yada olmamak

auch in Österreich. Sie waren fortwährend in Sorge, das Land verlassen zu müssen und den Job zu verlieren. Für Gastarbeiter war immer entscheidend, in welche Richtung sich Österreich politisch entwickelte. Anders als in meinem Kindergarten war die Ausländerfrage in der österreichischen Politik und Gesellschaft ja ein Riesenthema und ist es bis heute. Das ging damals sogar so weit, dass ganze Werbekampagnen gegen Rassismus und Ausländerfeindlichkeit gestartet werden mussten: „I haaß Kolaric, du haaßt Kolaric. Warum sogns' zu dir Tschusch?" Vielleicht erinnern Sie sich? Auf dem Bild war ein kleiner Bub zu sehen, der vor einem Gastarbeiter steht. Ich habe das Sujet noch genau im Kopf, weil es für so viel Gesprächsstoff sorgte, die politische Stimmung im Land und in der Gesellschaft bekam ich allerdings nicht mit. Im Kindergarten war die Welt ja absolut heil.

Gleichzeitig haben meine Eltern auch immer beobachtet, was in der Türkei passiert. Dort hatten wir ja noch Familie, die Großeltern etwa. Nine und Dede sind zwar mit uns Kindern nach Österreich gekommen, später aber wieder zurück nach Hause gegangen. Und so war und ist die Türkei für alle von uns natürlich immer noch im Fokus: Meine Eltern erzählten mir von einem Militärputsch im Jahr 1980, davon, wie groß die Sorge um die Familie in der Türkei war, wie sie versucht hatten zu telefonieren, aber nicht durchkamen, und wie sie dann erst nach Tagen erfuhren, was wirklich passiert war, und dass alle noch am Leben und wohlauf waren. Auf der anderen Seite war von diesem Zeitpunkt an auch immer die große Sorge: Was ist, wenn wir zurückmüssen? Wenn uns Österreich zurückschickt? Wie gesagt: Das Rotationsprinzip war ja theoretisch immer noch in

Kraft, auch wenn es praktisch längst gescheitert war. Niemand wollte nach dem Putsch in die Türkei zurück, zumindest meine Familie nicht, und auch alle, die wir damals kannten, nicht. Was aber wäre gewesen, wenn die Stimmung in Bezug auf Ausländer in Österreich gekippt wäre? Wenn sich auch hier das politische Geschehen geändert hätte und die Gastarbeiter außer Landes verwiesen worden wären? Oder wenn der gesellschaftliche Druck, der Ausländerhass, die Beschimpfungen auf der Straße, so problematisch geworden wären, dass wir „freiwillig" das Land verlassen hätten müssen? Ganz ehrlich: Danach sah es in den vergangenen Jahrzehnten ein paar Mal aus. So abwegig war das nicht. Zumindest waren diese Sorgen immer irgendwo im Hinterkopf präsent. Und das haben auch wir Kinder mitbekommen, wenn auch nicht bewusst. Eine gewisse Unsicherheit war auch für uns zu spüren, zumindest aus meiner Sicht als Klein-Eser damals.

13 Jahre nach der Ankunft meiner Eltern in Österreich hatte wenigstens ein Teil dieser Sorgen ein Ende: Am 2. Mai 1986 erhielten wir die österreichische Staatsbürgerschaft. Das war ein großer Moment in unserer Familiengeschichte. Anne und Baba haben sich dafür extra in ihre besten Outfits geschmissen. Jetzt waren wir Österreicher. Zumindest auf dem Papier.

Hinter dem Spiegel

Aynanın arkasında

Es war einmal mitten im Winter, und die Schneeflocken fielen wie Federn vom Himmel herab, da saß Eser am Fenster, biss herzhaft in einen Apfel, auf den sie plötzlich Lust bekommen hatte, und sinnierte vor sich hin: „Wie kann es sein, dass Schneewittchen wieder zum Leben erwacht war, obwohl der Spiegel der bösen Stiefmutter gemeint hatte, es wäre tot?" Eine Frage, die Eser schwer beschäftigte, zumal sie wusste, dass Spiegel immer die Wahrheit sagen und nichts verbergen, schon gar nicht der sprechende Spiegel im Märchen. Im Vorzimmer der Eltern, über der Kommode, hing ein ähnliches Exemplar. Vermutlich war dieses bei Weitem nicht so wunderbar wie der Spiegel der bösen Königin und auch keinesfalls der Sprache mächtig, das wäre Eser bestimmt längst aufgefallen, aber es war ein Spiegel, der nun einmal genau das wiedergab, was er zu sehen bekam. Eser beschloss einen Selbstversuch, kletterte auf die Kommode, setzte sich im Schneidersitz hin und beschaute sich im Spiegel, genau wie es die Königin getan hatte. Was sie sah, war *ein Kind, so weiß wie Schnee, so roth wie Blut und so schwarzhaarig wie Ebenholz.* – Sie sah aus wie Schneewitt-

31

chen! Freilich, sie trug kein Prinzessinnenkleid, sondern eine orange Bluse und eine braune Latzhose, aber Haut, Lippen und Haare waren genau wie in dem Märchen beschrieben. Eser erschrak und ward ganz gelb und grün vor Angst bei dem Gedanken daran, was Schneewittchen zugestoßen war: Es wurde in einen Wald verschleppt, fast mit einem Hirschfänger ausgeweidet, war nur knapp entkommen und landete dann irgendwo hinter sieben Bergen bei den sieben Zwergen als Putzfrau und Köchin und entging dort sogar noch weiteren Mordanschlägen. „Schneewittchen hat sich schon auch ziemlich blöde angestellt", sagte Eser zu Schneewittchen im Spiegel, also zu sich selbst. Gleich dreimal hatte es die Warnungen der Zwerge, bloß nicht die Türe zu öffnen, ignoriert. Gleich dreimal war es auf die böse, als altes Weib verkleidete Stiefmutter hereingefallen, und gleich dreimal konnte es den harmlos wirkenden, in Wirklichkeit aber mörderischen Angeboten (Schnürriemen, Kamm und Apfel) nicht widerstehen.

Was ein Schnürriemen ist, war Eser bis heute nicht eindeutig klar. Das mit dem Kamm konnte sie ja noch irgendwie verstehen, weil sie aus eigener Erfahrung wusste, was mit langen Haaren passiert, wenn man sie längere Zeit nicht kämmt. Der Apfel allerdings – da kannte Eser sich aus – hätte ein Alarmzeichen sein müssen: *Rothe und weiße Backen?* Solch zweifarbige Äpfel hatte sie noch nie gesehen. Der, den sie gerade aß, war jedenfalls eindeutig einfarbig, und zwar rot. Oder nicht? Zuerst war es nur so ein Gefühl und Eser wusste nicht genau, was es bedeutete, bei genauerem Hinsehen aber stach es ihr sofort ins Auge: Ja, der Apfel war einfarbig. Dass er rot war, stimmte aber nur zur Hälfte, denn offenbar gab es zwei Äpfel: Eser vor dem Spiegel hielt die Reste eines *rothen* in der Hand, Eser hinter dem Spiegel einen hellgrünen, leicht gelblichen, manche würden vielleicht sogar sagen: einen weißen! Eser wusste: Das konnte nicht sein. Trotzdem war es genau so. Ein letzter Bissen noch – hüben wie drüben – und der rote wie der weiße Apfel waren gegessen. Eser beschloss, dass damit jetzt auch diese seltsame Ungereimtheit beseitigt sein musste. Eine derartige Diskrepanz konnte sie sich einfach nicht erklären. Und sie wollte sich deshalb jetzt auch nicht das Gehirn zermartern. Vielleicht würde sie zu einem späteren Zeitpunkt wiederkommen, vielleicht mit einem anderen Stück Obst oder einem Kuchen, wer weiß. Jetzt aber musste sie zuerst den Strunk loswerden, denn Anne hasste es, wenn jemand Essensreste irgendwo liegen ließ. Eser kletterte also von der Kommode, ohne das Spiegelbild noch eines Blickes zu würdigen, und lief in die Küche, um den Apfelputz dort zu entsorgen. Erst jetzt wurde ihr klar, dass wirklich etwas nicht stimmte: Alles war in der Küche auf einmal *so klein, so zierlich und reinlich, daß es nicht zu sagen ist. Da stand, anstatt des elterlichen Küchentisches, ein weiß gedecktes Tischlein mit sieben kleinen Tellern, jedes Tellerlein mit seinem Löffelein, ferner sieben Messerlein und Gäblein und sieben Bechlein.* – Für Eser war das eindeutig zu viel. Sie wollte nur noch schlafen, so müde war sie geworden. Also legte sie sich in eines der Bettchen, *empfahl sich Gott und schlief ein.*

Eser war in all dem Trubel nicht mehr aufgefallen, dass in dem Zimmer sechs Bettchen standen, nicht sieben wie im Märchen. Vielleicht hätte sie diese Tatsache ja noch etwas beruhigt. So aber erschienen Eser, kurz bevor sie eingeschlafen war, zwei Varianten zur Erklärung der Geschehnisse plausibel:

Version 1: Der Spiegel über der Kommode im Vorzimmer war jener wunderbare Spiegel aus dem Märchen, und Eser hatte, ohne es zu merken, mit Schneewittchen Platz getauscht.

Version 2: Spiegel im Allgemeinen sagen nicht immer die ganze Wahrheit und zeigen, je nach BetrachterIn, auch Trugbilder der Wirklichkeit, und Eser träumte zu viel und war am Ende einfach nur in ihrem eigenen Bett im Schlafzimmer der sechs Kinder gelandet.

Der beste Beweis für unterschiedliche Realitätswahrnehmungen ist für mich die simple Frage nach meiner Herkunft. „Aus Wien", sage ich darauf immer. Meinem Gegenüber ist das aber meistens nicht genug. Einmal hat mich mein Gesprächspartner sogar darauf aufmerksam gemacht, dass mich eine österreichische Staatsbürgerschaft noch lange nicht zu einer *waschechten* Österreicherin mache. Damals habe ich lange über diese Worte nachgedacht. Das hat an mir genagt. Im Grunde war dieses Gespräch so etwas wie ein Art Wendepunkt in meinem Leben. Ich muss zu diesem Zeitpunkt ungefähr 22 Jahre alt gewesen sein. Den Mann, der das zu mir gesagt hat, kannte ich gar nicht. Es war ein zufälliges Gespräch, ich weiß nicht einmal mehr wo und bei welchem Anlass. Der Inhalt aber hat sich in mein Gehirn und in meine Seele eingebrannt und hat mir das Gefühl gegeben, weggestoßen worden zu sein, nicht erwünscht zu sein und auf Abstand gehalten zu werden.

Unterschiedliche Realitäten waren für mich aber schon seit jeher ein Thema: Zumindest seit meinen Kindertagen, als ich den Spiegel meiner Eltern entdeckte. So richtig kann ich mich nicht mehr daran erinnern, aber ich weiß noch genau, dass ich diesen Spiegel sehr geliebt habe. Er war nichts Besonderes, hatte keine schönen, verzierten Ecken mit einem Muster oder dergleichen. Es war ein einfacher, kleiner Spiegel, wie man sie normalerweise in irgendwelchen Toiletten auf Autobahnraststationen findet. Aber etwas machte diesen Spiegel aus, das mich immer wieder angezogen hat: Er war ein Tor in eine andere Wirklichkeit. Und ich war durch den Spiegel nicht allein, ich konnte mich mit jemandem unterhalten und hatte Gesellschaft, auch wenn es nur mein eigenes Spiegelbild war. Als Kind war das durchaus genug für mich. Viel Fantasie hatte ich ja. Fast jede freie Minute saß ich davor und sprach mit dem Spiegel. Naja, vielmehr sprach ich mit mir selbst. Ich habe mir Geschichten erzählt, gesungen und mich beim Reden beobachtet.

Ein berühmter Psychologe fragte einmal einen noch bekannteren TV-Moderator in der Türkei (Acun Ilıcalı), woran er sich als Erstes erinnern könne, wenn er an seine Kindheit zurückdenke. Er überlegte daraufhin eine Weile und erzählte folgende Geschichte: Er könne sich daran erinnern, dass ihn sein Vater im zarten Alter von drei oder vier Jahren zu einem Geschäftsmeeting ins Büro mitgenommen hatte. Als das Gespräch zu Ende war, drehte sich sein Vater um und fragte ihn nach seiner Meinung. Acun nahm die Frage als Kind ernst und antwortete dementsprechend. Das wiederrum fanden sein Vater und dessen Geschäftspartner derart niedlich, dass sie lachen mussten. Acun spornte diese Reaktion aber nur noch weiter an, sodass er schon als Kind im Büro seines Vaters eine regelrechte Show ablieferte.

Der Psychologe gab dem erwachsenen Acun daraufhin zu verstehen, dass sich sein jetziger Beruf als Showmaster und Unterhalter in dieser Geschichte widerspiegle. Und genau so kommt es mir auch bei mir selbst vor: Der Spiegel war die Kamera und ich übernahm schon damals die Rolle der Moderatorin. Das war für mich das Tor in eine andere Welt, in eine Welt, wo meine Regeln herrschten, wo ich nicht allein war und wo ich trotzdem für mich selbst sein konnte. Den alltäglichen Rummel um mich herum zu vergessen und einfach in meine kindliche Welt eintauchen zu können – all das hat dieser Spiegel möglich gemacht. Irgendwie klingt das gerade auch ein bisschen gruselig, fällt mir auf, während ich hier so schreibe. Ein kleines Mädchen sitzt vor einem Spiegel und spricht mit seinem eigenen Spiegelbild – das könnte auch in einem Horrorfilm à la Stephen King so vorkommen. Aber genau so war es, und in Wirklichkeit war es alles andere als gruselig für mich. Nachdem ich schon in recht jungen Jahren oft allein daheim war, war dieser Spiegel die Rettung für mich. Ich habe den Zugang zu einer von mir selbst errichteten Traumwelt entdeckt.

Frau Magistra(t)

Memur hanım

Ich war schon immer eine kleine Träumerin.
Ich habe es geliebt, mich in verschiedene Rollen hineinzuver-

setzen. Wahrscheinlich fehlte mir damals, als dem mit Abstand jüngsten Kind, die Aufmerksamkeit – ich weiß es, ehrlich gesagt, nicht mehr. Ich weiß nur, dass ich mich gerne in eine andere Person hineinversetzt oder eine andere Rolle gespielt habe, wie es Kinder in diesem Alter eben machen. Im *echten* Leben allerdings musste ich als einzige Deutsch-Muttersprachlerin in der Familie (bis auf Isi, der sich allerdings damals schon erfolgreich vor unangenehmen Aufgaben drücken konnte) immer wieder Dinge übernehmen, die Kinder in diesem Alter üblicherweise noch nicht machen.

Welches Kind geht schon als Dolmetscherin mit den Eltern auf Ämter oder zum Arzt? Ich habe das natürlich gemacht. Einerseits bin ich meinem Vater heute dafür dankbar, denn auch das hat mich in meiner Entwicklung weitergebracht, andererseits war es damals für mich nicht gerade angenehm, weil es sehr viel Verantwortung mit sich brachte und ich immer das Gefühl hatte, keinen Fehler machen zu dürfen, immerhin ging es dabei ja wirklich um etwas.

Und dann auch ständig diese vielen verdutzten Gesichter, die einem ein schlechtes Gewissen bereiteten, obwohl sie auf mich vermutlich eher mitleidig reagierten. Ich konnte das damals nicht richtig deuten und hatte immer das Gefühl, dass ich etwas mache, das ich nicht machen sollte, obwohl ich ja nur meinem Papa geholfen habe. Aber die Leute auf den Ämtern ließen uns immer merken, dass sie das komisch finden, nach dem Motto: ein kleines Kind als Dolmetscherin? Wo gibt's denn sowas? – Heute weiß ich, dass ihre Blicke gar nicht auf mich gemünzt waren, sondern auf Baba. Eigentlich sollten sie ja sagen: „Wirklich? Sie lassen ihre Tochter übersetzten, warum lernen Sie selbst nicht Deutsch?" Doch meinen Vater interessierte das nicht, ihm war immer schon egal, was andere denken, und in diesem Punkt sowieso. Was sollte er auch tun? Er lernte ja Deutsch, so gut es ging, übrigens auch mithilfe meiner Übersetzungen. Das freut mich heute sogar, dass ich als Kind am Ende meinem Papa etwas beigebracht habe. Verkehrte Welt, aber so war es.

Ich war die Jüngste, ich musste überallhin mit, viele Gastarbeiterkinder kennen das. Und je älter ich wurde, desto mehr wurde es: Weil ich später die Einzige in der Familie war, die die Matura und ein Studium hatte, war ich plötzlich allwissend – und das für die gesamte Sippschaft. Auch das gibt es in jeder Gastarbeiterfamilie, die ich kenne: ein Kind, das alles wissen muss – in Bezug auf Behörden, Banken, Versicherungen, Gesetze oder was auch immer. Es wurde sogar erwartet, dass ich die unterschiedlichen Preise von Produkten in verschiedenen Geschäften im Kopf hatte: „Anoş (Baby), wo ist das Waschmittelpulver im Angebot?" – „Mama, ich bitte dich! Wie soll ich denn das wissen, lies dir doch den Prospekt durch, der in der Küche liegt!"

Meine Freundin Ivana teilt dieses Schicksal mit mir und weiß ebenfalls, was es heißt, als Kind für die Familie zu arbeiten. Heute ist Ivana Kolumnistin bei dem Magazin „das biber" und hat einmal einen Artikel mit dem Titel „Fragst du Frau Mag.istrat" veröffentlicht. Darin schreibt sie, dass es in den USA sogar eine Berufsbezeichnung für diese Position gibt: Personal Family Assistant. Ihre mittlerweile verstorbene Großmutter nannte sie später, nachdem sie fertig studiert hatte, sogar *Frau Magistrat* anstatt Frau Magistra. Kein Scherz. Sehr bezeichnend ist das, finde ich. So ähnlich war das auch im Hause Akbaba, und zum Teil ist es heute immer noch so.

Briefe, Anrufe, Arztbesuche etc. – für all das war ich plötzlich verantwortlich. „Kannst du bitte mal dort anrufen und fragen, ob ich meinen Termin auf nächste Woche verschieben kann?" Oder: „Ich habe einen Brief von der Hausverwaltung bekommen, was genau steht da drin?" Täglich gab und gibt es tausend Fragen, die in den Köpfen meiner Familie herumschwirren und auf die anscheinend nur ich Antworten habe. Hier kann ich es ja sagen: Ich weiß es nicht! Keine Ahnung, wann der Arzt heute seine Ordination aufsperrt, keine Ahnung, ob man vor dem Haus von Tante Ayşe gratis parken darf, und keine Ahnung, warum die SPÖ in den letzten Jahren so viele Stimmen verloren hat! Obwohl, Letzteres kann ich mir wenigstens vorstellen.

Sätze, die ich meiner Familie niemals ins Gesicht gesagt hätte, wie „Nein, ich kann nicht" oder „Ich kenne mich nicht aus", wären eine Schwäche gewesen, die man sich meist selbst nicht eingestehen wollte oder durfte, also habe ich nie etwas gesagt, geschweige denn mich geweigert. Wenn man fast immer nach der Leistung beurteilt wird, dann ist es oft nicht einfach, einmal nicht helfen zu wollen oder einfach nicht zu können. Es lastete auf uns Personal Family Assistants permanent ein Druck, wir mussten nicht nur gut sein, sondern besser als die anderen Gastarbeiterkinder, die wie meine Geschwister das Glück hatten, nicht als Dolmetscher und Sekretärinnen tätig sein zu müssen (bis auf Pınar, die war in meiner Familie ja mehr oder weniger der Chief of Personal Family Assistant). Jedenfalls mussten wir auch besser sein als die Kinder der „autochthonen" Österreicher.

Keiner hat sich damals für uns Kinder interessiert, beziehungsweise hat sich niemand großartig Gedanken um uns gemacht, so wie die meisten Eltern oder die Gesellschaft im Allgemeinen das heute tun würden. Im Endeffekt „sind sie ja hier geboren und sie werden uns schon helfen zurechtzukommen". Als ob wir das Gesetz bestimmen würden. Wir – die zweite Generation, die Gastarbeiterkinder – hatten selbst Probleme mit unserer Identität, die uns noch heute begleiten. Wir hatten es mit zwei unterschiedlichen Welten zu tun. In der einen sind wir geboren und in der anderen aufgewachsen, und in keiner der beiden wollten sie uns als Ihresgleichen sehen. Für die einen waren wir die Almancıs, die Deutschen, und für die anderen die Ausländer, die Gastarbeiterkinder, die Tschuschen. Wir hatten nicht einmal die Möglichkeit, uns um unsere Identität Gedanken zu machen. Wir mussten einfach funktionieren – ohne Wenn und Aber.

Besondere Kinder

Özel çocuklar

Als Gastarbeiterkind hast du eine große Verantwortung, du bist nicht nur für dich selbst zuständig, sondern, wie gesagt, auch für die eigene Familie, und natürlich auch für die nachfolgenden Generationen. Klingt ein bisschen konfus, aber als Gastarbeiterkinder oder -jugendliche der zweiten Generation mussten wir uns in der neuen Heimat der Eltern (unserer eigentlichen Heimat, da ich die Türkei nur als Urlaubsland kenne) als Allererstes einmal zurechtfinden. Sprachlich wie kulturell und gesellschaftlich. Für meine Geschwister war es etwas schwieriger als für mich, sie mussten Deutsch ja als Fremdsprache lernen, um schulische Leistung erbringen zu können.

Schlimm war es für meinen ältesten Bruder, der in der Türkei ein Musterschüler war, hier aber wegen fehlender Deutschkenntnisse zuerst dem Unterricht nicht folgen konnte. Sein Lehrer meinte damals zu meinem Vater, er solle doch eher eine Sonderschule besuchen. Mein Vater freute sich. Warum? Er dachte: „Na, mein Sohn ist was Besonderes, deshalb kommt er in die Sonderschule!"

Aber wenn du als Kind in ein fremdes Land, in eine fremde Kultur kommst und gleich am nächsten Tag in die Schule gesteckt wirst, wo du die/der Einzige bist, die/der die Landessprache nicht kann, dann ist Misserfolg und Streit vorprogrammiert. Du bist frustriert und hast niemanden, der dich versteht. Deine Eltern sind nur am Arbeiten, deine Geschwister haben dasselbe Problem und du verstehst die Welt nicht mehr. So sind wir aufgewachsen, mit all den klischeebehafteten Vorurteilen, die man sich vorstellen kann. Zum Beispiel: „Die Türken sind ja alle gleich, die wollen sich ja gar nicht integrieren." Doch! Wollten wir! Es ist nur sehr schwer, wenn du kein einziges Wort verstehst, wenn niemand übersetzen kann (welcher Lehrer, welche Lehrerin kann schon Türkisch), und wenn du allein in einer Schulklasse sitzt, in der alle anderen Kinder sich kennen und verstehen, nur dich versteht niemand.

Für mich persönlich war es halb so schlimm, ich konnte ja Deutsch von klein auf. Von den ganzen Problemen habe ich damals nicht viel mitbekommen. Mein größtes „Problem" war, wie gesagt, ob ich am Wochenende in den Kindergarten zu Tante Helga durfte. Zu der Frau, die mir im Grunde das Sprechen beigebracht hat. Tante Helga war für Deutsch zuständig, meine Eltern zu Hause für Türkisch.

Der Umstieg in die Schule war für mich deshalb gar keine so große Hürde. Die Volksschule war gleich ums Eck – keine zwei Gehminuten von zu Hause entfernt. Wenn ich nach dem Unterricht nach Hause kam und niemand da war, bin ich einfach zur Schule meiner Schwester Pınar gelaufen, die ebenfalls nicht weit entfernt war, hab mich dort auf eine Betonbank gesetzt und auf sie gewartet, dann sind wir gemeinsam nach Hause gegangen.

Ich habe es gehasst, allein zu sein – das ist übrigens noch immer so. Ich bin kein Mensch, der gerne allein ist. Ganz im Gegenteil: Ich bin ein sehr geselliger Typ, bin gern von Menschen umgeben, die ich mag. Weil meine Eltern aber ständig arbeiten mussten, um die sechs Kinder zu versorgen, und meine Geschwister, bis auf Pınar, meistens und verständlicherweise Besseres zu tun hatten, als sich um die kleine Eser zu kümmern, war ich nun mal trotzdem sehr viel allein. Ich habe dann eben oft vor mich hingeträumt, mir meine eigene Welt erschaffen, so, wie ich sie haben wollte. Wie im Märchen.

An einen Tag kann ich mich besonders gut erinnern. Ich ging nach dem Unterricht direkt zur Schule meiner Schwester, weil ich schon wusste, dass niemand zu Hause sein würde, und wartete auf sie. Währenddessen kamen ein paar Mädels aus ihrer Parallelklasse auf mich zu und hänselten mich, schauten in meine Schultasche und verspotteten mich. Keine Ahnung warum, vermutlich einfach nur, weil ich kleiner war und sie es konnten. Plötzlich aber läutete die Schulglocke und meine Schwester kam auf uns zu. Als sie sah, wie ich von den Mädels gehänselt wurde, lief sie in meine Richtung und schrie ihre Schulkolleginnen an. Daraufhin waren die plötzlich sehr schnell weg. Ich muss damals sechs oder sieben gewesen sein, Pınar demnach zehn oder elf. Ich werde das nie vergessen, bis heute ist meine Schwester mein Schutzengel, die Person in meinem Leben, bei der ich mich absolut sicher fühle, die jedes Problem lösen kann und die keine Bedingungen stellt.

Wo Pınar nicht helfen konnte, und wo ich ganz allein durchmusste, war die Schule an sich. Anders als alle Nicht-Gastarbeiterkinder musste ich zum Beispiel ständig Aufnahmeprüfungen machen, anscheinend konnten nicht einmal die Pädagoginnen und Pädagogen glauben, dass ein Kind mit türkischen Eltern Deutsch sprechen kann. Meine Mama hat mir erzählt, dass der Direktor der Volksschule mich zum Beispiel nach den Farben der Buntstifte gefragt hat, um zu sehen, ob ich sie auf Deutsch kenne. Naja, für mich war das natürlich ein Kinderspiel – ich wurde gleich aufgenommen. Tante Helga sei Dank!

Religionsunterricht gab es damals nur für Katholiken. Unterricht für andere Konfessionen wurde nicht angeboten. Tatsächlich war das zumindest in meiner Schule kein wirkliches Thema. Die meisten Kinder waren katholisch, wenn ich mich richtig erinnere. Jedenfalls war ich die einzige Nicht-Christin in meiner Klasse. Nach den Gesetzen von Angebot und Nachfrage musste ich also den römisch-katholischen Religionsunterricht besuchen, vier Jahre lang fast jeden Tag das Vater unser aufsagen, alle möglichen Geschichten über Jesus und die Heiligen lernen und mit in die Kirche gehen. – Für mich war das, ganz ehrlich, super interessant. Ich habe ganz natürlich gelernt, was es heißt, Christ zu sein, welche Bräuche es da gibt und wie diese Religion tickt. Eigentlich wäre es der Idealfall, finde ich, wenn alle Kinder schon in der Schule über andere Religionen Bescheid wissen würden. Dann hätten die Erwachsenen nicht so furchtbar viel gefährliches Halbwissen.

In der Volksschule war ich nicht schlecht – nur Mathe war nie mein Fach. Ich hatte im Abschlusszeugnis der vierten Klasse einen Dreier. Um ins Gymnasium zu kommen, musste ich wieder eine Aufnahmeprüfung absolvieren, allerdings nicht nur wegen Mathe, sondern – Sie ahnen es – wegen meiner Sprachkenntnisse: Ich musste eine Geschichte auf Deutsch nacherzählen. Die Prüferin war ganz begeistert. Ich erinnere mich noch, dass sie regelrecht überrascht war, wie gut ich Deutsch sprechen konnte. Ab diesem Zeitpunkt war ich AHS-Schülerin.

Auf den Schulwechsel folgte auch der Bezirkswechsel – wir übersiedelten in den 3. Wiener Gemeindebezirk, Wien-Landstraße. Da wohne ich heute noch. Ich mag den Bezirk sehr. Urban, aber noch irgendwie verschlafen. Heute genauso wie Ende der 80er Jahre. Ich war damals zehn. Die neue Wohnung war riesig: 125 m², alles auf einer Ebene – kein Auf-und-ab-Rennen mehr durch das kalte Stiegenhaus – und mit Badezimmer, Klo und fließendem Wasser in der Küche! Möbel allerdings hatten wir noch keine, das wäre auf einen Schlag zu teuer gewesen. Deshalb schliefen wir zuerst auf Matratzen auf dem Boden. Gemütlich war es trotzdem.

Mit dem Umzug kam auch mein erster Spitalsaufenthalt. Mein Blinddarm musste raus, und operiert wurde ich genau in dem Krankenhaus, in dem ich auf die Welt gekommen war – in der Rudolfstiftung. Das war damals auch die Zeit, als ich den Spitznamen Mimi bekommen habe, Sie erinnern sich, wegen des Stofftiers, das mir meine Schwester geschenkt hat.

Mischwesen

Seit der Blinddarmoperation habe ich in der  Familie drei verschiedene Namen: *Mimi* sagt meine Schwester Pınar zu mir, *Anoş* nennt mich meine liebe Anne und *Eser* alle anderen. Außerhalb der Familie ist das ganz anders: Da habe ich deutlich mehr Namen. – Mehr, als mir lieb ist: Esra, Esa, Eßer, Eseer, Ezer, tausend verschiedene Abwandlungen meines Namens habe ich in all den Jahren schon gehört, dabei ist er so einfach. Übersetzt heißt Eser so viel wie *die Arbeit, das Opus, das Schaffen, die Spur, das Werk.* Genau deshalb hat mich mein Vater so getauft. Ich sollte ein Werk hinterlassen.

Ursprünglich wollten mich meine Eltern Rojda nennen, was so viel heißt wie *der aufgehende Tag.* Ein wunderschöner Name, aber 1979, als ich geboren wurde, waren wir noch türkische Staatsbürger. Die türkische Botschaft in Wien, bei der mich meine Eltern anmelden mussten, hat den Namen abgelehnt, weil er kurdisch ist. Deswegen heiße ich seither Eser.

Wenn man mich fragt, woher ich ursprünglich komme, antworte ich: „Ich bin Wienerin, aber meine Wurzeln liegen in Ostanatolien, in Dersim, dem heutigen Tunceli." Ich bin ostanatolische Österreicherin.

Im Zuge des sogenannten Dersim-Aufstandes 1937/38, bei dem viele meiner Vorfahren umgebracht oder deportiert wurden, hat man Dersim zum Kurdengebiet erklärt. Dass die Türken und Kurden seit jeher keine Freunde sind, ist altbekannt. Ich kann mich noch sehr gut daran erinnern, dass meine Mama mir als Kind verboten hat, im Urlaub in der Türkei unsere Sprache, nämlich Zazaisch, zu sprechen. Ich konnte zwar nur ein paar Wörter auf Zazaisch, aber nicht einmal die durfte ich laut sagen. Verstanden habe ich das damals natürlich nicht. Heute weiß ich, dass es schlicht gefährlich war.

Im Jahr 1937 erhoben sich die Bewohner der Region Dersim in Ostanalolien, die vorwiegend der Bevölkerungsgruppe der Zaza angehörten, gegen das türkische Regime, vor allem gegen die Türkisierungsbestrebungen: Der Staat war ja noch jung, das riesige Osmanische Reich war erst vor Kurzem zerfallen, und so war es das Ziel der neuen Regierung, die Bevölkerungsgruppen, die in dem übriggebliebenen Teil des Reiches lebten, zu vereinen, und das, wenn nötig, mit Gewalt. Bisher waren die Menschen auf dem Staatsgebiet der neuen Türkei in Stämme oder Völker aufgeteilt: Zaza, Kurden, Aramäer, Griechen, Albaner, Roma, Lazen und so weiter. Aus allen sollten Türken gemacht werden. Minderheiten wurden nicht mehr anerkannt, Menschen zwangsweise umgesiedelt, Sprachen wurden verboten.

Die Dersimer wollten sich dagegen wehren, die türkische Armee ging mit aller Gewalt dagegen vor. Schätzungen zufolge wurden damals zehn Prozent der in der Region Dersim lebenden Menschen getötet, die Dunkelziffer ist unbekannt. Die Überlebenden wurden in Massen aus ihren Dörfern vertrieben, mussten fliehen oder wurden in ganz andere Landesteile umgesiedelt. Die Häuser der Betroffenen wurden niedergebrannt und abgerissen. Ihre Identität als Teil der Zaza sollte ausgelöscht werden. Erst fast hundert Jahre danach, im Jahr 2011, entschuldigte sich die türkische Regierung für die Gräueltaten und Morde dieser Zeit.

Bis heute sind die vielen Wunden nicht verheilt, die diese Türkisierungen angerichtet haben. Immer noch schwelen die Konflikte, besonders sichtbar zwischen der türkischen Regierung und den Kurden.

Gott sei Dank hat sich seit den 1980er Jahren die Lage zumindest etwas gebessert, auch wenn immer noch vieles im Argen liegt. Aber immerhin sind Kurdisch und Zazaisch keine Tabuthemen beziehungsweise Geheimsprachen mehr. Trotzdem ist das Dersim-Massaker bis heute ein wunder Punkt bei vielen Menschen, bei meinen Großeltern, die die Schrecken hautnah miterlebten, genauso wie bei meinen Eltern, die unter den Folgen litten. Das Thema wurde jahrzehntelang totgeschwiegen.

Glaubensfrage

In der Unterstufe hätte ich nach Jahren voller Weihrauch und Vater-unser-Gebeten in den islamischen Religionsunterricht wechseln können, den gab es dort mittlerweile nämlich. Ich durfte aber nicht: Mein Vater hat es mir strikt verboten, mit den Worten: „Kesinlikle izin vermem!" („Ich verbiete es dir.") Katholischer Religionsunterricht: kein Problem. Islamischer? Großes Problem!

Erst Jahre später habe ich verstanden, warum: Wir sind Aleviten und nehmen uns als solche zwar selbst als islamisch wahr, viele andere Muslime aber sehen das anders. Für sie sind Aleviten „Ungläubige", also eben keine Muslime.

Nach alevitischem Glauben sind der Mensch und die gesamte Schöpfung ein Teil des Göttlichen. Gott erschuf den Menschen nach seinem Ebenbild und hauchte ihm seine Eigenschaften ein. Das schönste Geschöpf auf Erden ist damit der Mensch. Daraus folgt, dass für uns das Leben selbst der Mittelpunkt des Glaubens ist, nicht religiöse Riten. In der Türkei ist das Alevitentum bis heute keine anerkannte Glaubensgemeinschaft, in Österreich sehr wohl.

Ob wir zum Islam gehören, darüber wird seit ewigen Zeiten gestritten. Die meisten Aleviten, die ich kenne, würden diese Frage sofort mit „Ja" beantworten, obwohl es auch eine kleine Gruppe gibt, die das gar nicht so sieht. Das geht sogar so weit, dass die Aleviten in Österreich total gespalten sind, so gibt es mittlerweile zwei offizielle Glaubensgemeinschaften: die „Islamisch Alevitische Glaubensgemeinschaft" und die „Föderation der Aleviten Gemeinden in Österreich".

Die meisten Muslime auf der Welt betrachten das Alevitentum als eine Art Sekte, die sich weigert, sich an die Säulen des Islam zu halten, also die fünf Gebete pro Tag, die Pilgerreise nach Mekka oder das jährliche Fasten. Gläubige Muslime müssen sich zudem noch an weitere Vorschriften halten, so gibt es etwa auch Leitlinien für das Waschen von Gesicht, Händen und Füßen vor dem Gebet. Das gibt es im Alevitentum nicht. – Nur eine Regel: „Eline, beline, diline sahip ol!" Heißt übersetzt: „Beherrsche deine Hände, deine Lende und deine Zunge!" Diese eine Vorschrift soll das Zusammenleben der Menschen regeln. Wer sich daran hält, lebt laut alevitischem Denken ein gutes Leben. Würden sich wirklich alle Menschen an Regeln wie diese halten, wäre die Welt womöglich wirklich eine bessere.

Aber sei es drum, diese Spaltung und den Glaubensstreit zwischen Sunniten und Aleviten und zwischen Aleviten untereinander werden wir hier nicht lösen, er führt aber unter anderem dazu, dass ich bis heute eine Art Mischwesen bin: eine römisch-katholisch erzogene Alevitin, die in Österreich geboren und aufgewachsen ist und starke ostanatolische Wurzeln hat. Das macht mich bis heute aus. Der Name Eser passt da perfekt dazu: Eser ist nämlich in Wirklichkeit eigentlich ein Männername. – Wenn ich bei jedem Brief, der an einen gewissen Herrn Eser Akbaba adressiert war, einen Euro zur Seite gelegt hätte, dann hätte ich bestimmt heute ein Haus in einem noblen Wiener Vorort, etliche Grundstücke in der Türkei und viele, viele Louis Vuitton-Handtaschen.

Namensänderungen

Unter meinem männlichen Vornamen habe ich zwar oft gelitten, aber auf die Idee, ihn ändern zu lassen, bin ich nie gekommen.

Isim
değişiklikleri

Dabei haben genau das viele Gastarbeiterkinder getan: ihren Namen geändert. Die meisten nur, um bessere Jobaussichten zu haben. Bis heute tun sich ein Thomas oder eine Julia leichter, Arbeit zu finden, als ein Mustafa oder eine Ayşe.

Für eine deutsche Studie haben Forscher einmal zwei fiktive Bewerbungen für denselben Ausbildungsplatz geschrieben. „Beworben" haben sich sowohl ein Deutscher als auch ein Türke, beide gleich qualifiziert. Dreimal dürfen Sie raten, wer den Job bekommen hat. Das war 2014. Der Studienautor meinte damals, „dass Deutschland ein ernsthaftes Diskriminierungsproblem" habe[2]. In Österreich ist das nicht viel anders.

Ein paar Bekannte von mir haben tatsächlich aus Karrieregründen ihre Vornamen geändert, weil sie eben sonst keine Chance auf eine Anstellung gehabt hätten. Aus Mustafa wurde Michael, aus Elif wurde Elisabeth. Die Nachnamen sind zwar gleich geblieben, aber das ist in Österreich scheinbar halb so wild, haben doch auch viele Ur-Österreicher ausländisch klingende Namen. Ich habe auch einmal darüber nachgedacht, meinen Namen zu ändern, aber nicht lange. Ich war ohnehin schon viel zu sehr zwischen den Stühlen, da wollte ich nicht auch noch den letzten sichtbaren Rest meiner Identität aufgeben. Selbst dann nicht, als ich beim ORF anfing und mich einige tatsächlich fragten, ob ich mir nicht zumindest eine Art Künstlernamen zulegen wolle. Ich verstand damals nicht (und verstehe es auch heute nicht), was es bringen soll. Für wen würde ich das tun? Für mich bestimmt nicht. Nur für die Zuseherinnen und Zuseher, damit sie sich meinen Namen leichter merken können? So kompliziert ist er ja auch wieder nicht. Warum sollte ich mir die Mühe antun und noch dafür Geld bezahlen, mit einem Namen zu leben, der mit meiner Identität absolut nichts zu tun hat?

---

2 https://www.svr-migration.de/wp-content/uploads/2014/03/SVR-FB_Diskriminierung-am-Ausbildungsmarkt.pdf

Außerdem bin ich ja davon überzeugt, dass mein richtiger Name in Österreich auffällt. In den heimischen Medien sind Menschen mit Migrationshintergrund ja wirklich kaum präsent. Auch der ORF bildet mit seinem ModeratorInnen-Team ja nicht wirklich die Gesellschaft da draußen ab. Gut ein Viertel (!) der österreichischen Bevölkerung hat Migrationshintergrund, die Zugewanderten selbst und deren Nachkommen, die schon hier geboren sind. Fast jeder zehnte Mensch in Österreich ist zum Beispiel eine Muslima oder ein Muslim. Und jetzt die Preisfrage: Wie viele Moderatorinnen oder Moderatoren, wie viele Reporterinnen und Reporter, Journalistinnen und Journalisten fallen Ihnen ein, die Migrationshintergrund haben? Es sind bestimmt nicht allzu viele.

Als ich 18 Jahre alt wurde, erreichte mein Namensdrama seinen Höhepunkt: Ich wurde zur Musterung einberufen. Ich war einerseits schockiert, andererseits musste ich lachen, denn so etwas konnte ja nur mir passieren. Nachdem ich den Brief ignoriert hatte, kam mit der zweiten Vorladung gleichzeitig auch die Drohung: Im Falle des Nicht-Erscheinens würden sie mich mit der Militärpolizei abholen. Okay, das war klar und deutlich. Ich ging also zum befohlenen Termin in die Kaserne, schaffte es mit der Vorladung sogar an den Wachposten beim Empfang vorbei und sprach tatsächlich bei der Stellungskommission im 2. Bezirk vor. Ein Brigadier (glaube ich, ich hab ja keine Ahnung von militärischen Rängen und Bezeichnungen) hat mich in Empfang genommen und sich wirklich höflich bei mir entschuldigt: „Das kommt nur alle dreißig Jahre vor, Sie dürfen wieder gehen." Danke, Herr Offizier! Auf Nimmerwiedersehen!

Im heißen Land

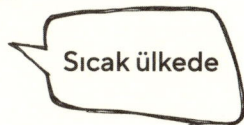

Sıcak ülkede

In den heißen Ländern, ja, da kann die Sonne
brennen! Da werden die Leute ganz mahagoni-
braun gebrannt. Eser dachte zuerſt, dass sie hier
ebenso herumlaufen könnte wie zu Hause, aber das sollte sie
sich bald abgewöhnen. *Wie alle vernünftigen Leute musſte
sie daheimbleiben, die Fenſterläden und Türen blieben den
ganzen Tag geschlossen; es sah so aus, als ob das ganze Haus
schliefe oder niemand da wäre.* Die enge Gasse mit den ho-
hen Häusern, in der die Großeltern wohnten, *war nun auch
freilich so gebaut, dass die Sonne vom Morgen bis zum Abend
hineinscheinen musſte. Es war wirklich nicht zum Aushalten!*
Eser hatte das Gefühl, als säße sie in einem glühenden Ofen.
Sogar ihr Schatten war hier kleiner geworden als zu Hause.
*Auch an ihm zehrte die Sonne. Erſt am Abend, wenn die Son-
ne untergegangen war, lebten die beiden wieder auf.*

*Es war wirklich ein Vergnügen, das mitanzusehen; sobald
die Lichter im Haus eingeschaltet wurden, ſtreckte sich der
Schatten die Wand entlang, ja sogar bis zur Decke hinauf.*
Und auch Eser selbſt hatte das Gefühl, als lebe sie wieder
auf; vor allem draußen auf dem Balkon der Großeltern, wenn

die Sterne am schönen, klaren Himmel glitzerten. *Auf allen Balkonen in der Straße – und in den warmen Ländern hat jedes Fenster seinen eigenen – kamen jetzt Leute zum Vorschein. Dann ward es oben und unten lebhaft.* Alle Leute kamen auf die Straße hinaus, die allermeisten kannten die Großeltern schon, und auch mit denen, die sie nicht kannten, wurde getratscht. *Tische und Stühle wurden hinausgestellt, tausend Lichter brannten, der eine redete, der andere sang. Es wurde gegessen und Tee getrunken.* Nur in einem Hause, direkt gegenüber von dem der Großeltern, war es ganz still. Und doch wohnte dort jemand, denn es standen Blumen auf dem Balkon. *Da sie trotz Sonnenglut so herrlich wuchsen, musste sie doch jemand regelmäßig gegossen haben. Auch die Tür dort drüben wurde jeden Abend geöffnet, aber es war dunkel da drinnen, wenigstens in dem vorderen Zimmer, weiter hinten aus dem Inneren heraus ertönte Musik.* Eser fand, dass sie ganz wunderschön war. Sie fand alles wunderschön in den warmen Ländern, wenn da nur nicht die Sonne wäre. Die Großmutter sagte, sie wüsste nicht, wer das Haus da drüben gemietet habe, Menschen sehe man ja nicht, und was die Musik anbelange, so erscheine sie ihr schrecklich langweilig.

Eines Nachts erwachte Eser, sie schlief bei offener Balkontüre, *der Wind hob die Gardine in die Höhe, und es war ihr, als strahlte ein wunderbarer Glanz vom Haus gegenüber zu ihr herein. Die Blumen auf dem Balkon dort leuchteten und dazwischen stand eine wunderschöne, schlanke Dame, und es war, als leuchtete auch sie.* Eser blendete es formlich, sie riss die Augen noch weiter auf und nun war es endgültig um ihren Schlaf geschehen. Mit einem Sprung war sie aus dem Bett und schlich sich hinter den Vorhang. *Aber die Frau war verschwunden, der Glanz war erloschen. Die Blumen leuchteten nicht mehr, sondern sahen nur wunderschön aus, wie immer. Die Türe war angelehnt. Wer mochte da wohl wohnen? Wo war außerdem der eigentliche Eingang? Das ganze Erdgeschoss bestand aus mehreren Läden, und da konnten die Leute ja nicht immer durchlaufen!*

Eser setzte sich hinaus auf den Balkon. In ihrem Zimmer brannte Licht, und da war es ganz natürlich, dass ihr Schatten auf die Wand des gegenüberliegenden Hauses fiel. Ja, da saß sie, und wenn sie sich bewegte, bewegte sich auch ihr Schatten, wie das nun einmal so ist.

„Ich glaube, mein Schatten ist das einzig Lebendige, was man da drüben sieht", dachte Eser. „Wie er da zwischen den Blumen sitzt! Die Tür ist nur angelehnt, nun sollte der Schatten so schlau sein und hineingehen, sich dort umsehen und dann wieder herauskommen und mir erzählen, was er gesehen hat. Ja, du sollst dich nützlich machen", sagte sie zu ihm im Scherz. „Sei so gut und tritt ein. Los geht's", und dann nickte Eser dem Schatten zu *und der Schatten nickte zurück. „Geh nur, aber bleibe nicht ganz weg!"*

Eser war wieder müde geworden und erhob sich. Und der Schatten drüben auf dem Balkon erhob sich ebenfalls. Eser drehte sich um, und der Schatten drehte sich auch um. *Ja, wenn jemand genau achtgegeben hätte, so würde er oder sie deutlich gesehen haben, wie der Schatten in die halb geöffnete Balkontür des gegenüberliegenden Hauses hineinging,* genau wie Eser das Zimmer betrat und den Vorhang hinter sich herabfallen ließ.

Am nächsten Morgen ging Eser mit ihrer Großmutter aus, um für das Frühstück einzukaufen. „Was ist denn das?", dachte Eser, als die Sonne aufging. *„Ich habe gar keinen Schatten mehr! Dann ist er wirklich gestern Nacht weggegangen und nicht wiedergekommen; das ist eine dumme Geschichte!"* Aber so sehr ärgerte es Eser gar nicht; zu Hause hatte sie auch oft keinen Schatten, wenn es kalt und dunkel war, dachte sie, und vergaß, was passiert war; zumindest für lange Zeit. Eines Tages, das konnte Eser nur nicht wissen, sollte ihr Schatten sie wieder einholen.

Musterschülerin war ich, wie gesagt, keine, aber doch eine recht gute, würde ich sagen. Mich haben eben Fächer wie Mathe oder Physik überhaupt nicht interessiert. Dafür war ich ein Sprachentalent! Na gut, bis auf Englisch. Das hat aber sicher etwas damit zu tun, dass ich einfach die falschen Lehrerinnen hatte. Mathe interessierte mich in der Oberstufe auch wegen meiner Professorin nicht, und in Englisch musste ich die Matura wiederholen. Ich bin aber der Meinung, man muss nicht unbedingt eine Musterschülerin sein, um erfolgreich zu sein. Meine damalige Englischprofessorin hingegen schien da ganz anderer Meinung gewesen zu sein und hat mich sozusagen aus dem Gymnasium hinausgeschmissen. Sie meinte zu meinen Eltern, dass ich besser für die Hauptschule geeignet wäre und das Gymnasium für mich zu schwer sei. Aber dass einige meiner Mitschülerinnen damals Nachhilfe bekommen haben und ich nicht, weil wir es uns nicht leisten konnten, war kein Thema bei diesem Gespräch. Ich musste ja noch froh sein, dass ich nicht wie mein ältester Bruder gleich in eine Sonderschule gesteckt wurde.

Nach nur einem Jahr AHS war es für mich also schon wieder vorbei. Ich musste in die zweite Klasse Hauptschule (heute Neue Mittelschule), und ehrlich gesagt: Ich bin gar nicht böse deswegen. War ich auch damals nicht. Im Gymnasium kam ich mir oft komisch vor, ich hatte das Gefühl, nicht dazuzugehören. Meine Herkunft war dort ganz oft ein Thema für die anderen Kinder, weil ich in der Klasse eine der Wenigen mit Migrationshintergrund war. Dazu kam, dass sich meine Familie eben nicht immer alles leisten konnte. Zum Beispiel kann ich mich an eine Situation erinnern, als wir in der Schule alle einen Werkzeugkoffer gebraucht hätten, ich aber keinen bekommen habe, weil er zu teuer war. Alle hatten diesen blöden Koffer, nur ich nicht! Meine Klassenkameradin Gerlinde lud mich deshalb wahrscheinlich aus Mitleid nach der Schule immer zu sich nach Hause ein, wir machten dann gemeinsam Hausaufgaben. Sie und ihre Mutter waren streng katholisch, vor dem gemeinsamen Essen mussten wir immer beten – mir hat das aber nichts ausgemacht, ich war es ja noch von der Volksschule gewohnt.

Dass aus mir am Ende doch noch etwas geworden ist, damit haben viele vermutlich nicht gerechnet. Ich auch nicht. Meine Anne sagt immer: „Erfolg ist die beste Rache", womit sie nicht ganz unrecht hat. Obwohl ich gar keinen Grund habe, Rache an irgendjemandem oder irgendetwas zu üben. Alles, was passiert ist, war gut so und hat mich am Ende weitergebracht. Das, was ich heute bin, ist die Summe all dieser Erfahrungen und Vorkommnisse. Und ich hoffe, dass es noch lange so weitergeht.

Little Istanbul

> Küçük Istanbul

Nur 500 Meter war die neue Hauptschule vom Gymnasium entfernt und doch hat sich für mich eine ganz neue Welt aufgetan. Mit dem Wechsel änderten sich auch die Menschen – quasi von „Schnösel Town" zu „Little Istanbul".

Ich kann mich noch ganz genau an den ersten Schultag erinnern. Meine damalige Klassenvorständin hat meinen Nachnamen gehört und wollte mich partout nicht in ihrer Klasse haben. Im Nachhinein hatte sich rausgestellt, dass sie ein Trauma wegen meines Bruders Ismail hatte, der ein paar Jahre zuvor in ihrer Klasse war. Er und sein Freund hatten sie offenbar jahrelang schikaniert. Und ich bekam es dann ab. Sie sagte: „Einen zweiten Akbaba halte ich nicht aus." Doch das Schicksal hatte es so gewollt, dass ich in ihre Klasse kam. Jedes Mal, wenn ich etwas frech war, gab es gleich einen Eintrag ins Mitteilungsheft und letztendlich dann eine Vorladung für meine Eltern. Sie hatte eben Vorurteile, was ich ihr nicht verübeln konnte, weil Isi bestimmt ein furchtbares „Gfrast" war, wie wir in Wien sagen. Aber, und das werfe ich der Lehrerin schon vor, sie gab mir nicht einmal die Chance, mich kennenzulernen. Zumindest anfangs hat sie mich immer mit Isi verglichen, der heute übrigens ein ganz wunderbarer Mensch ist. Am Ende hat sich aber natürlich auch dieses Problem von selbst gelöst: Irgendwann hat meine

Klassenvorständin ihr Trauma überwunden und doch gemerkt, dass ich nicht mein Bruder war und dass derselbe Nachname nicht bedeutet, dass wir auch die gleichen Menschen sind.

Meine damalige Hauptschule würde man heute als Brennpunktschule bezeichnen. Oft gab es irgendwelche Auseinandersetzungen zwischen LehrerInnen und SchülerInnen oder auch nur zwischen den SchülerInnen untereinander. Einmal, weiß ich noch, gerieten eine „österreichische" und eine „türkische" Schülerin derart aneinander, dass das Ganze komplett eskalierte. Die zwei Mädchen fingen eine Schlägerei an, und am Ende prügelte sich der damalige Freund der „Österreicherin" – der mir wie ein typischer jugendlicher Rowdy vorkam – fast auch noch mit dem Direktor. Im Gegensatz zum Gymnasium lag der „Ausländeranteil" in dieser neuen Schule bei gefühlten 80 Prozent, keine Ahnung, ob diese Zahl stimmt, aber so habe ich es zumindest in Erinnerung. In meiner Klasse waren, glaube ich, nur zwei Österreicher. Wenn überhaupt.

Damals gab es auch noch die sogenannten Leistungsgruppen: Ich war in Deutsch, Mathe und – siehe da – auch in Englisch in der ersten. Lange Zeit gab es diese Leistungsgruppen nicht, sondern sogenannte A- und B-Klassenzüge, später wurden sie aber wieder eingeführt. Der Klassenkampf war auf diese Weise vorprogrammiert. Damit waren zwar alle SchülerInnen in derselben Klasse, aber gleichzeitig irgendwie doch nicht. Die Leistungsgruppen haben zumindest meine Schulklasse total gespalten. Im Zeugnis sah es natürlich immer gut aus, wenn überall „1. Leistungsgruppe" stand. Für die weniger guten SchülerInnen war es aber ein jahrelanger Kampf um den Aufstieg in eine

„bessere" Leistungsgruppe, denn damals war schon allen klar, dass es später in der Berufswelt nicht gut sein würde, wenn im Zeugnis eben nicht 1., sondern vielleicht 2., oder noch schlimmer, 3. Leistungsgruppe steht.

Meine Cousine ist heute Lehrerin in einer Neuen Mittelschule mit Schwerpunkt Informatik, dorthin kommen aber auch SchülerInnen, die zum Beispiel noch nicht Deutsch können oder etwa eine körperliche Beeinträchtigung haben. Damals war das überhaupt kein Thema, da wurde schon bei den Zehnjährigen ausgesiebt, was sich auf die Zukunft dieser Kinder ausgewirkt hat. Viele, kann ich mir vorstellen, haben später darunter wirklich gelitten.

Ich hatte das Glück, dass meine Eltern sehr viel Wert auf Bildung gelegt haben; sie tun es immer noch. Damals war das einzig Wichtige für meine Freundinnen und mich, was wir nach der Schule unternehmen. Ich durfte aber oft nicht mit, da ich nach Hause musste. Mein Vater wollte nicht, dass ich meine Zeit sinnlos vergeude. Er wollte immer, dass ich lerne und besser werde als die anderen. Aber Sie wissen ja bestimmt, wie das üblicherweise ist, wenn man Druck auf Pubertierende ausübt – sie tun genau das Gegenteil. Ich hingegen konnte es mir nicht leisten, nachzugeben. Mal abgesehen davon traute ich mich sowieso nicht, meinem Vater zu widersprechen.

For uns war die Zeit damals noch nicht so kostbar wie heute. Wir hatten auch nicht das Gefühl, dass sie so schnell vergeht. Eh klar, es war eine Zeit ohne Social Media, Smartphones und Internet. Man war halt nicht immer und überall erreichbar, und wenn wir uns etwas ausgemacht haben, dann waren wir auch zu dieser Zeit am Treffpunkt. Irgendwie vermisse ich das.

Keine Ahnung, warum unser Bildungssystem glaubt, dass jemand, der in der Unterstufe schlecht in Mathematik ist, im Leben schlechtere Chancen haben soll. War nicht sogar Albert Einstein in der Schule schlecht in Mathe? Ich möchte es gar nicht beurteilen, wie schlecht oder gut unser Bildungssystem in Österreich ist, es gehört im internationalen Vergleich ja sicher nicht zu den schlechtesten, aber dass etwas geändert werden muss, scheint ohnehin auch den Verantwortlichen klar zu sein. Auch Schule und Bildung sind ja keine starren Systeme, sondern müssen ständig an die neuen Gegebenheiten der Realität angepasst werden.

Zu meiner Zeit damals etwa war Integration überhaupt kein Thema in der Schule, heute ist das Gott sei Dank anders, zumindest wird mittlerweile offen darüber diskutiert. Damals kannten wir den Begriff noch nicht einmal, zumindest nicht wir SchülerInnen. Es gab zu meiner Zeit „Ausländer" oder „Österreicher", „Tschuschen", „Kanaken" oder „Schwabos". Ein Schwabo, das wissen die meisten Menschen mit Nicht-Migationshintergrund nicht, ist übrigens ein Österreicher. Das ist unser Schimpfwort für die Autochtonen.

Kopftuch

Baş örtüsü

Am Ende der Hauptschule jedenfalls war für mich klar, next step: wieder ins Gymnasium.
Zugegeben, viel mehr als für mich war es für meine Eltern klar. Wenigstens *eine* sollte die Matura in der Tasche haben und bestenfalls auch noch studieren. – Gesagt, getan. Ich wechsel-

te also wieder ins Gymnasium, nachdem ich vier Jahre vorher von dort mehr oder weniger rausgeflogen war. Nadja und ich meldeten uns gemeinsam an. Nadja ist meine Kindheitsfreundin. Sie lebt jetzt in den Vereinigten Staaten. Sie ist die Älteste von sechs Kindern mit ägyptisch-österreichischen Eltern. Ihr Vater ist Ägypter und die Mutter Österreicherin, die dann zum Islam konvertiert ist – mit allem, was dazugehört (also Kopftuch, Gebet und so weiter). Kennengelernt habe ich Nadja mit zehn Jahren, direkt nach unserem Umzug von der Gastarbeiter-Maisonette in Simmering in die große, neue Wohnung im 3. Gemeindebezirk. Vom Fenster meines neuen Kinderzimmers aus beobachtete ich die anderen Kinder im Hof beim Spielen. Ich sauste hinunter, stellte mich vor und schon spielte ich mit. Schnell sind wir beste Freundinnen geworden. Auch in der Hauptschule waren Nadja und ich zwei Jahre in derselben Klasse. Wir hatten die gleichen Interessen – oder, besser gesagt, gab es eben damals keine Alternativen. Wir gingen gemeinsam in die Schule und am Nachmittag verbrachten wir auch oft Zeit miteinander. Entweder im Hof oder bei ihr zu Hause. Zu mir durfte Nadja nicht so oft, ihr Vater war noch strenger als meiner. Als ältestes Kind trug Nadja eine große Verantwortung, ähnlich wie meine Schwester Pınar. Fortgehen etwa war bei ihr überhaupt kein Thema, so haben wir uns auf das Wesentliche konzentriert – nämlich auf die Schule.

Es war klar, dass Nadja irgendwann auch einmal das Kopftuch tragen würde. Sie ist damit aufgewachsen, kommt aus einem strenggläubigen Elternhaus und wusste eigentlich schon immer, dass sie mit dem Einsetzen ihrer Periode ein Kopftuch tragen würde. Sie wollte das auch so, das war oft ein Gesprächs-thema bei uns.

Ich kann mich noch genau an den Tag erinnern, als sie plötzlich damit in der Schule erschien. Es war der erste Schul-tag der vierten Klasse Hauptschule. Wir hatten uns seit einiger Zeit nicht gesehen. Ich wusste aber schon, dass es jetzt soweit war, im Gegensatz zum Rest der Klasse. Die Reaktionen wa-ren ganz unterschiedlich: Einige waren erstaunt und verdutzt, andere gratulierten ihr sogar. Problem war es jedenfalls in der Schule überhaupt keines, weder in der Hauptschule noch später im Gymnasium. Mir war es total egal, Nadja war meine beste Freundin. Sie trug das Kopftuch immer mit Stolz und war sehr selbstbewusst. Sollte jemand etwas dagegen gehabt haben, so hätte sich diese Person vermutlich nicht getraut, etwas zu sa-gen. Nadja war kein Mädchen, das man hänseln sollte, das sah jeder schon auf den ersten Blick. Heute trägt sie übrigens kein Kopftuch mehr, soviel ich weiß. Die Probleme haben offenbar nach der Schule eingesetzt, in der Erwachsenenwelt. Sie hatte Schwierigkeiten, mit Kopftuch einen Job zu finden, und hat es deshalb wieder abgelegt.

Unser neues Gymnasium war jedenfalls im 1. Wiener Gemein-debezirk, in der Nähe vom Schwarzenbergplatz und vom Stadt-park. Sehr zentral also, eine noble Gegend. Die Schülerinnen und Schüler dort waren zum Teil aus der Upperclass, zum Teil aber auch nicht. In unserer Klasse waren Kinder von Ärzten, Anwälten oder Architekten. Und ich: das Kind von Hausbesor-gern. Im Grunde war auch Nadja ein Upperclass-Kind, auch wenn wir das damals gar nicht so mitbekommen haben: Ihr Vater arbeitete in einer Botschaft und ihre Mutter hatte sogar ein Musikstudium am Konservatorium abgeschlossen, war damals aber Hausfrau und Mutter.

Im Unterschied zur Hauptschule waren Nadja, ein Mädchen aus Polen, und ich die Einzigen mit Migrationshintergrund. Doch auch hier gab es nie die Diskussion darüber, woher wir kamen, und das, obwohl Nadja ein Kopftuch trug. Natürlich haben sich die anderen gefragt, warum ein so junges Mädel, wir waren damals ja erst 15 oder 16 Jahre alt, ein Kopftuch trägt, aber ein wirklich ernsthaftes Thema war es nie. Ich wurde anfangs auch oft gefragt, warum ich als Nadjas beste Freundin selbst kein Kopftuch trage. Naja: Ich bin Alevitin, wir tragen kein Kopftuch. Das war bei mir auch nie ein Thema. Freilich sind mir dennoch muslimische Gebräuche und Traditionen vermutlich näher als es bei Menschen der Fall ist, die in einem christlichen Umfeld aufgewachsen sind. Frauen mit Kopftuch waren für mich als türkischstämmiges Kind schon immer etwas ganz Alltägliches. Aber auch, wenn wir uns selbst als Muslime sehen, sind wir doch anders. – Mitunter ein Grund, warum uns viele Muslime eben nicht als Muslime betrachten.

Aber wie gesagt: In meiner Kindheit und Jugend war das Kopftuch, auch in anderen Teilen Österreichs, noch kein Kampfplatz der Politik und Ideologien. Das Thema wurde irgendwie entspannter und unaufgeregter angegangen.

Wenn ich jetzt an diese Zeit im Gymnasium zurückdenke, weiß ich nur noch, wie schmerzhaft der Tod unseres Klassenvorstandes war. Wir haben ihn alle sehr gemocht. Er war ein guter Lehrer, bei dem wir SchülerInnen Spaß hatten (er unterrichtete die

Fächer Mathe und Physik), und er war auch menschlich eine sehr wertvolle Person, die uns Jugendliche verstand und uns so bleiben ließ, wie wir waren. Eines Tages bekamen wir in der Schule die Info, dass er an einem Herzinfarkt gestorben war. Schlimm war es für uns alle. Ich weiß noch ganz genau, wie Nadja und ich noch am selben Abend von einer Telefonzelle aus bei seiner Familie angerufen und gefragt haben, ob er wirklich verstorben sei.

Auf seinem Begräbnis haben Nadja und ich geweint. Ich war damals zum zweiten Mal in meinem Leben (nachdem mein Onkel verstorben war) mit dem Tod konfrontiert. Damals war ich 15.

Stolzes Kind

Gururlu evlat

Wenn ein Kind ins Gymnasium geht und die Eltern Gastarbeiter sind, dann ist Stolz ein großes Thema. Stolz war mein Vater ganz bestimmt auf mich, er konnte es nur nicht zeigen. Viel wichtiger aber war die Tatsache, dass ich jetzt als Jugendliche, die noch dazu eine AHS besuchte, ein noch viel besserer Personal Family Assistant war. Jetzt mehr denn je, denn endlich war ich auch im richtigen Alter dafür. Ich musste mit ihm überallhin: zum Magistrat, zur Versicherung, zur Bank, zur Arbeiterkammer. Ich war mehr denn je seine Dolmetscherin und Sekretärin. Ich musste die Fachbegriffe, die er nicht beherrschte, für ihn übersetzen. Sein Deutsch war eigentlich ausreichend, aber für manche Begriffe hat es dann doch nicht gereicht. Oder er war er einfach nur zu faul, um irgendwo nachzulesen, was ich ja heimlich vermute.

Ich habe es gehasst! Vor allem aber habe ich die Telefonate gehasst, die ich eine Zeit lang fast täglich führen musste. Ich hätte ja eigentlich lieber ganz andere Dinge getan damals, Dinge, die Jugendliche eben so tun. Aber schon am Heimweg von der Schule hatte ich immer Bauchweh, weil ich wusste, dass mein Vater sicher mit irgendeiner Aufgabe auf mich wartete. Und wenn ich mal wirklich keinen Bock darauf hatte oder mich einfach nicht gut ausdrücken konnte, gab es schon auch mal eine „g'sunde Watsch'n". – Davor hatte ich damals zwar Angst, ungewöhnlich war es aber nicht. Ich hasste es, ja, aber es war irgendwie auch normal. Ich kann allerdings weder sagen, dass es mir gutgetan hätte, eine von meinem eigenen Vater verpasst zu bekommen, noch, dass es mich in irgendeiner Weise weitergebracht hätte.

Ich war die Formular-Ausfüll-Königin! Dadurch, dass ich wahrscheinlich 10.000 Formulare und Zahlscheine ausfüllen musste, kannte ich sie alle in- und auswendig. Im Nu konnte ich jede Lücke füllen. Natürlich wussten das meine Klassenkameraden nicht. Ich weiß nicht einmal, ob es Nadja mitbekommen hat. Jedenfalls habe ich ein Trauma davon, denn jedes Mal, wenn ich heute ein Formular ausfüllen muss, sei es im Internet oder auch beim Arzt, denke ich an diese Zeit zurück. Dann taucht in mir auch wieder dieses alte Gefühl auf, eine Art Druck und eine gewisse Angst vor dem, was kommen könnte, sollte ich etwas falsch machen. Auch, wenn ich weiß, dass jetzt nichts mehr passieren kann.

Irgendwann, so ab meinem 16. oder 17. Lebensjahr, haben dieser ständige Papierkram, diese andauernden Anrufe und Behördengänge langsam ein Ende genommen. Es war nicht abrupt

66

vorbei, sondern mit der Zeit haben sich entweder manche Dinge von selbst erledigt oder mein Vater nahm es endlich selbst in die Hand, nachdem er jahrelang von der Besten gelernt hatte. Manchmal habe ich auch gelogen und gesagt, dass ich viel zu lernen und einfach keine Zeit mehr hätte. Auch ich bin älter, selbstbewusster und stärker geworden.

In der sechsten Klasse, mit 16 Jahren, überkam mich eine gewisse Wurstigkeit: Ich wollte nicht mehr lernen, die Schule war mir plötzlich egal. So egal, dass ich am Ende das ganze Jahr wiederholen musste, was Baba gar nicht gefiel. Er wollte es partout nicht wahrhaben, dass ausgerechnet seine brave Tochter, die immer so viel gelernt und alles getan hatte, sitzengeblieben war. Ich glaube, dieser Sommer war der schrecklichste Sommer meiner Jugend. Was ich mir alles anhören musste: „Du wirst es zu nichts bringen", „Kannst ja gleich arbeiten gehen", „Wehe, du schmeißt die Schule hin, dann kannst du deine Sachen packen und verschwinden".
Schnell suchte ich mir für den Sommer einen Job, damit ich nicht die ganze Zeit zu Hause hocken musste. Ich fing an zu kellnern, in einer Pizzeria gleich bei uns ums Eck. Dort habe von der Pike auf alles gelernt, was man in der Gastronomie so braucht. Wie man zum Beispiel einen Achtelliter Wein professionell einschenkt und serviert, wie bedeutend sauber gefaltete Tischtücher in einem Restaurant sind oder wie man ein Tablett richtig trägt. Aber das Wichtigste, was ich gelernt habe, war Verantwortung zu tragen und unabhängig zu sein. Mit 16 war das nicht so einfach, aber ich hatte den Drang dazu. Meine Schwester hat damals, wie gesagt, geheiratet und ist nach Deutschland

gegangen. Das riss nicht nur eine Lücke in meine Seele, sie war ja bis dahin immer für mich da gewesen, sondern auch in meine Geldbörse. Ich bekam von meinen Eltern zwar immer ein Taschengeld, das reichte aber eigentlich nur für eine Vormittagsjause in der Schule oder andere Kleinigkeiten. Meine Schwester gab mir deshalb zusätzlich jahrelang etwas von ihrem Geld ab, damit ich mir auch einmal ein neues T-Shirt oder Schuhe kaufen konnte, die ich unbedingt haben wollte. Jetzt, wo Pınar weg war, musste ich also selbst schauen, wo ich bleibe. Die seelische Lücke war unmöglich zu füllen, die finanzielle sehr wohl. Ich musste mein eigenes Geld verdienen und es endlich auch so verwalten, wie ich es für richtig hielt. Natürlich hätte ich mich viel lieber nach der Schule mit meinen Klassenkameradinnen getroffen und etwas unternommen, aber ich musste Prioritäten setzen. Und so habe ich mich für meine eigene Selbständigkeit und Unabhängigkeit entschieden. Alles auf einmal kann man nicht haben, hat meine Mama immer schon gesagt, und sie sollte damit recht behalten.

Fleißig war ich ja schon immer. Ich habe neben der Schule dauernd irgendwelche Jobs angenommen. Einmal arbeitete ich einen Monat lang, während der Sommerferien, in einer Bäckerei bei mir in der Nähe. Morgens um vier Uhr musste ich jeden Tag aufstehen, um die Bäckerei um fünf Uhr aufzusperren, damit der Lieferant die Ware rechtzeitig ins Geschäft bringen konnte. Um sechs Uhr war der Laden dann offiziell geöffnet. Einen ganzen Monat ging das so, ich war das zwar nicht gewohnt, aber es hat doch Spaß gemacht, auch wenn ich abends immer hundemüde war. Rückblickend bin ich stolz darauf, denn ich habe gelernt, Dinge durchzuziehen und zu verstehen, was es bedeutet, für sein eigenes Geld zu arbeiten.

Die Sechste in der AHS musste ich jedenfalls wiederholen und kam dann in eine Klasse, die schon etwas „bunter" war als meine bisherige. Es gab fünf oder sechs Schülerinnen mit Migrationshintergrund, da war der Name Akbaba plötzlich gar nicht mehr so exotisch. In der neuen Klasse fand ich mich schnell zurecht, schloss rasch neue Freundschaften. Nur mit einer Klassenkameradin wurde ich einfach nicht warm und sie nicht mit mir: Maria war durch und durch „österreichisch", wenn man das so sagen kann. Es ist ganz schwer zu beschreiben, was ich damit meine: Sie konnte mit Nicht-ÖsterreicherInnen einfach nicht so wirklich. Es war nicht so, dass Maria rassistisch gewesen wäre, überhaupt nicht, oder dass sie uns diskriminiert hätte, sie konnte einfach nichts mit uns anfangen. Ich glaube auch nicht einmal, dass das etwas mit uns als Menschen zu tun hatte, es war vielmehr so, dass sie sich einfach nicht auf unsere „Andersartigkeit" einlassen wollte oder konnte. Es hat sie schlicht nicht interessiert. Sie war im Allgemeinen kein empathischer Mensch, darum weiß ich gar nicht, ob ihre Abneigung gegen bestimmte Menschen wirklich etwas mit deren Herkunft zu tun hatte. Tatsächlich war es, glaube ich, eher eine gewisse Unfähigkeit, oder besser, ein Unwille im Umgang mit etwas anderem und Neuem. Im Unterricht haben wir irgendwann einmal über verschiedene Jobs gesprochen, unter anderem kam das Thema auch auf Zeitungsverkäufer. Maria meinte damals: „Es gibt ja auch viele Österreicher, die als Zeitungsverkäufer arbeiten." (Es ging wohlgemerkt um die Zeitungsverkäufer, die morgens um fünf Uhr bei den U-Bahn-Stationen stehen, und Sie glauben mir bestimmt, wenn ich schreibe, dass ich noch nie im meinem ganzen Leben einen österreichischen Zeitungsverkäufer gesehen habe.) Ich war so verdutzt über Marias Aussage, dass ich mich zu ihr umdrehte (sie saß unmittelbar hinter mir) und ihr anbot, gerne mit ihr in der Früh durch Wien zu touren, um einen österreichischen Zeitungsverkäufer zu suchen. Antwort kam keine und natürlich haben wir diesen Plan auch nie wirklich in die Tat umgesetzt.

Mir kam Maria ein bisschen weltfremd vor, aber nicht im Sinne von naiv, sondern vielmehr im Sinne von *einfach nicht interessiert*. Es war ihr egal. Es gibt Menschen, die wollen partout nicht über ihren Tellerrand hinaussehen, sie weigern sich, Sushi zu probieren, nicht weil es ihnen nicht schmecken würde, sondern weil sie keinen Grund dafür sehen, etwas Neues auszuprobieren. Ich verstehe das sogar irgendwie, auch wenn ich selbst das genaue Gegenteil davon bin, aber ich kann nachvollziehen, dass es sein Gutes hat, sich in das Bekannte und Gewohnte zurückzuziehen, es bringt Sicherheit. Aber man versäumt auch ganz viel, weil man alles, was außerhalb der eigenen Komfortzone liegt, nicht mehr wahrnehmen kann. Darum hatte Marias Art, mit uns umzugehen und die Welt zu sehen, auch gar nichts mit Ausländern zu tun. Bis auf dieses eine Mal während des Unterrichts hatte ich damals auch kaum Berührungspunkte mit ihr. Sie war halt meine Klassenkameradin. Ihre beste Freundin übrigens, Shirin, kam aus dem Iran, besser gesagt deren Eltern. Aber auch Shirin war mehr Österreicherin als Perserin. Ihr Vater war Arzt, daher war Shirin für Maria nicht etwas Fremdes oder Anderes. Die zwei Mädels harmonierten jedenfalls gut und bildeten innerhalb der Klasse ein Zweiergespann. Soweit ich es mitbekommen habe, sind beide heute Ärztinnen.

Ich weiß nicht mehr, warum genau wir damals in der sechsten Klasse einen Ausflug zur medizinischen Uni machten, aber ich nehme an, es war wegen der Berufsorientierungstage.

Erinnern kann ich mich heute nur noch an den Seziersaal mit all den Leichen, die mitten im Raum standen. StudentInnen schnipselten an ihnen herum. Es war ekelhaft und ein widerlicher Geruch lag im Raum: süßlich, warm und extrem stechend. Mir war so schlecht, dass ich aus dem Saal rausmusste, sonst hätte ich alles vollgekotzt oder wäre ohnmächtig geworden. Keine Ahnung, was sich unsere Lehrer dabei gedacht hatten, uns SchülerInnen dorthin zu schleifen. Maria und Shirin konnten damals offensichtlich damit umgehen, denn wenig später haben sie dann begonnen, Medizin zu studieren. Ich wusste an dem Tag jedenfalls, was ich ganz sicher nicht machen werde.

Neue Freiheit

Yeni özgürlük

Nach zwei Jahren war es endlich soweit – die Matura klopfte an die Tür. Und um ehrlich zu sein, waren mir die Noten egal, ich wollte einfach nur diesen Abschluss in der Tasche haben, ganz gleich mit welchem Notendurchschnitt. Naja, und wenn man dann wirklich erst zwei Tage vor der Maturaprüfung damit beginnt, den Stoff durchzugehen, dann geht sich eben keine bessere Note als eine Vier aus. Aber wie gesagt, mir war das egal.

In Englisch bin ich bei der mündlichen Prüfung dann sogar auch noch durchgeflogen. Ich hätte doch lieber in Französisch maturieren sollen. Beim zweiten Anlauf klappte es dann doch und ich war frei und erfüllte das, was meine Eltern sich immer gewünscht hatten: dass eines ihrer Kinder die Matura hat.

Ich hielt mich gar nicht lange auf, verzichtete sogar auf die Maturareise und stieg direkt ins Berufsleben ein. Mit 19 Jahren bekam ich einen Job bei Mobilkom Austria. Das war mein erster richtiger Job. Ich habe Akten geschlichtet, kopiert, die Rechnungen nach Firmennamen sortiert, richtige Büroarbeit eben.

Damals verdiente ich recht gut und musste nun auch Miete bezahlen, obwohl ich immer noch in der elterlichen Wohnung wohnte. Oder eigentlich wollte ich sie bezahlen, um meine Eltern ein wenig zu entlasten. Abgesehen vom Bausparvertrag hielt ich nicht sehr viel vom Sparen, da ich eine Vorliebe fürs Reisen entdeckt hatte. Meine Mutter predigte mir schon damals, ich solle mir im 3. Bezirk eine Eigentumswohnung kaufen. „Anoş, du verdienst jetzt gutes Geld, also schau, dass du dir hier eine Wohnung kaufst, damit du sie in der Zwischenzeit, bis du einmal ausziehst, vermieten kannst." Eine sehr gescheite Frau ist meine Mama, aber mir war damals das Reisen viel wichtiger. Heute könnte ich beim Gedanken daran meinen Kopf gegen die Wand schlagen. Mittlerweile sind Eigentumswohnungen in dieser Lage extrem teuer. Man sollte eben auf seine Mama hören.

In der Arbeit waren die Chefs sehr zufrieden mit mir, sodass ich durch die Leihfirma, bei der ich angestellt war, immer wieder in andere Abteilungen versetzt wurde, bis mich letztendlich Mobilkom Austria selbst übernahm. Von 1998 bis 2004 arbeitete ich dort, und zwar Vollzeit. Studiert habe ich nebenbei. Ich war nie eine Vorzeige-Studentin, die den ganzen Tag auf der Uni sitzt und in der Bibliothek lernt. Das war auch in Ordnung so, aber eines nagt heute noch an mir: Ich war in der Schule doch gut in Spanisch und in Französisch, habe aber trotzdem leider nie an einem Erasmus-Programm teilgenommen. Ich wollte immer nach Südamerika gehen und dort für mindestens sechs Monate leben, studieren und die Sprache lernen. Leider haben das die privaten Umstände, naja, vor allem der Job, nie zugelassen. Wieder einmal bestätigte sich die alte Mama-Weisheit, dass man nicht alles auf einmal haben kann. Ich hatte mich für mein eigenes Geld entschieden und für den Job. Deshalb predige ich heute allen jüngeren Leuten, die ich treffe, immer, dass sie Sprachen lernen und gefälligst auch mindestens ein Auslandssemester machen sollen.

Zunächst studierte ich auf Wunsch meines Vaters Rechtswissenschaften. Sie haben ja keine Ahnung, welchen Stellenwert man in der Gesellschaft hat, wenn das Kind Jura studiert hat und bestenfalls Anwältin wird, Staatsanwältin oder – Inshallah – gar eine Richterin! Baba hat damals richtig angegeben mit mir.

Diese ersten drei Semester Jus waren für mich allerdings die Hölle. Es hat mich null interessiert. Ich wollte und konnte das einfach nicht mehr studieren. Vielmehr wollte ich ja Spanisch lernen und – wie gesagt – nach Südamerika gehen, und so habe ich Jus hingeschmissen und mich nach drei für mich unerträglichen Semestern vom Juridicum verabschiedet. Mein eigentlicher Plan war es, danach auf Publizistik und Spanisch umzusteigen, um endlich nach Südamerika gehen zu können, aber das hat sich eben in meiner damaligen Lebenssituation als komplett undurchführbar herausgestellt. Ich hatte ja gewisse Fixkosten, die zu zahlen waren, und außerdem habe ich schon zu viel verdient, um Studienbeihilfe in Anspruch nehmen zu können, also musste ich mich von meinen traumhaften Vorstellungen von einem Leben in Argentinien oder Uruguay erst einmal verabschieden. Schlussendlich habe ich Publizistik, Politikwissenschaft und Ethnologie studiert. Spanisch habe ich ebenfalls abgehakt, das hätte mich immerzu daran erinnert, dass ich meinen Traum freiwillig hab platzen lassen. Ich studierte neben meinem Full-Time-Job, was nicht immer leicht war, aber ich zog es durch. Das waren wirklich Jahre, in denen ich nichts anderes tat, als zu arbeiten und zu studieren. Die meisten Vorlesungen versäumte ich, weil ich ja im Büro sein musste, danach habe ich oft noch bis spät in die Nacht gelernt. Ich überlegte mir damals auch sehr genau, ob ich zum Beispiel den neuesten Kinofilm wirklich sehen möchte, weil selbst diese paar Stunden einfach zu kostbar waren. Ich muss sagen, ich bin heute noch stolz darauf, dass ich das wirklich geschafft habe. 2006 schloss ich dann mit *Mag.ª phil.* ab. – Baba war natürlich wieder äußerst stolz, auch wenn er es in Wahrheit, glaube ich, bis heute nicht ganz verkraftet hat, dass ich das Jusstudium abgebrochen habe. Mir war das natürlich egal. Und das ist es mir noch immer.

Im Gegensatz zu meiner Schwester konnte ich das studieren, was ich wollte. Beziehungsweise habe ich es einfach getan. Pınar musste an die HTL, obwohl sie eigentlich eine Modeschule besuchen wollte. Mein Vater kann mit Mode natürlich nichts anfangen. „Architektur sollen sie studieren!" Mit „sie" meinte er nicht nur Pınar, sondern auch meinen Bruder Ismail. Leider kam es auch dazu nicht: Isi brach die Schule gleich ganz ab und Pınar absolvierte eine Lehre als Bürokauffrau.

Für meine Mama hingegen ging ein echter Traum in Erfüllung. Ihre Anoş, ihr Baby, hatte es geschafft! Erstens das, was sie selbst immer tun wollte, aber von Anfang an nicht tun konnte: eine ordentliche Ausbildung absolvieren. Und zweitens war ich das erste Kind in der ganzen Familie, das ein Studium abgeschlossen hatte! Nach der feierlichen Sponsion auf der Uni, bei der ich in Annes Augen das eine oder andere Tränchen gesehen und Baba mit mir im gesamten Familien-, Freundes- und Bekanntenkreis wieder furchtbar angegeben hatte, schmiss ich erst einmal eine große, fette Party, denn genau das konnte ich in den Jahren davor ja nie tun: fette Partys feiern.

Die Herrin des Ringes

Yüzüğün
hanımefendisi

igentlich hatte sich Eser bis jetzt immer auf den ersten Schultag gefreut. Diesmal war aber alles anders. Zum ersten Mal seit Jahren hatte sie in den Sommerferien ihre Großeltern wieder getroffen. Zum ersten Mal seit Jahren war die ganze Familie wieder zusammengekommen. Sieben Wochen hatten Eser, Anne, Baba und alle Geschwister in der Türkei verbracht. Erst gestern waren sie zurückgekommen. Der Sommer war damit vorbei. Tatsächlich hatten die Blätter der Bäume hierzulande schon begonnen, sich zu verfärben, während es in der Türkei immer noch heiß war. Für Eser manchmal zu heiß, aber das hatte sie längst vergessen. Sie hatte nur noch alle positiven Eindrücke von der Reise im Kopf und war dementsprechend wehmütig.

All das aber war gar nicht der Grund, warum Eser sich diesmal nicht auf den ersten Schultag gefreut hatte. Es war die neue Schule selbst. Das Gymnasium wollte sie nicht mehr haben, deshalb saß sie jetzt in einer Hauptschule. Fast wäre sie heute Morgen in die falsche Richtung gelaufen, so sehr war sie den alten Schulweg gewohnt. In ihrer neuen

Klasse kannte Eser noch keine Menschenseele, die anderen wussten aber sehr wohl, wer sie war: In der ersten Stunde hatte die Lehrerin sie bereits nach vorne geholt. Sie musste sich allen vorstellen, dann erst bekam sie einen Platz zugewiesen. In der zweiten Reihe, und das war für Eser das einzig Erfreuliche an diesem Tag: neben einem Jungen, der aussah wie Ala ed-Din. Zumindest stellte sie sich Ala ed-Din genau so vor. Während des Urlaubs in der Türkei hatte Eser am Balkon der Großeltern immer die Geschichten aus *Tausendundeine Nacht* gelesen und die von Ala ed-Din war ihre Lieblingsgeschichte. Sie hätte auch gerne eine Wunderlampe gehabt. Was würde sie nicht alles damit anstellen.

Immer wieder lugte Eser verstohlen hinüber zu ihrem neuen Sitznachbarn, und in der nächsten Pause wollte sie ihn nach seinem Namen fragen, ihren kannte er ja schon.

Nach einer quälend langen ersten Schulstunde läuteten endlich die Glocken. Eser hatte allen Mut gefasst, *Ala ed-Din* aber war bereits aufgesprungen und verschwunden. Er stand jetzt mit den anderen Burschen der Klasse zusammen und schien viel zu erzählen zu haben. Was genau, konnte Eser nicht hören, weil auch die Mädchen in der anderen Ecke des Raumes einen ähnlichen Gesprächskreis gebildet hatten; alle schnatterten durcheinander. Eser entschied, sitzen zu bleiben und so zu tun, als ob sie sich langweilen würde; sie starrte einmal aus dem Fenster, ein anderes Mal auf die Uhr über der Türe, suchte etwas in ihrem Rucksack, so, als würde sie sich auf die nächste Stunde vorbereiten, dann saß sie wieder da und drehte an dem Ring, den sie von Nine geschenkt bekommen hatte. *„Dieser*

Ring wird dich aus aller Not retten, so du in Unglück oder Missgeschick gerätst", hatte sie gesagt. *„Er wird alle Gefahren von dir abwenden und dir überall helfen.* " *Dies geschah nach Gottes, des Erhabenen, Fügung, als ein Mittel zu* Esers *Errettung*; denn während sie sie so, über ihre betrübliche Lage sinnierend, dasaß, ohne Hoffnung, dass sie je wieder Freunde haben würde, rieb sie sich, wie Bekümmerte es zu tun pflegten, die Hände und dabei auch den Siegelring. Und siehe da, sofort stand der Marid des Rings vor ihr und sprach: *„Zu Diensten! Hier stehe ich vor dir; heische, was du begehrst, denn ich bin der Sklave dessen, der den Ring an der Hand trägt, den Ring meines Herrn."* Eser erbebte vor dem entsetzlichen Anblick. Sie blickte sich verzweifelt in der Klasse um, doch niemand schien das zu sehen, was sie sah. Alles wirkte ganz normal, die Lehrerin war gerade wieder zur Tür hereingekommen und die Schülerinnen und Schüler hatten sich hingesetzt.

Eser dachte an Nines Worte, als sie ihr den Ring gegeben hatte. Sie raffte all ihren Mut zusammen und flüsterte – es sollte sie ja niemand hören: „Oh, Sklave des Herrn des Ringes! Ab heute hast du eine Herrin und ich wünsche, dass dieses Schuljahr das beste wird, das ich je hatte." Und sogleich, ehe sie noch ihre Worte beendet hatte, war der Marid verschwunden; so plötzlich, wie er erschienen war.

Die Lehrerin hatte sich an das Pult gesetzt und lächelte Eser direkt an. „Eser, möchtest du uns erzählen, was du in den Sommerferien gemacht hast", sagte sie laut und alle anderen drehten sich zu ihr um. Eser hatte jede Angst abgelegt, hatte sie doch gerade mit etwas viel Furchterregenderem zu tun gehabt. Sie begann zu erzählen; von ihren Großeltern, dem Haus dort, den schönen Blumen auf den vielen Balkonen, der Hitze, den geselligen Abenden und den Märkten, auf denen es so viel mehr zu kaufen gab als hier.

Als sie geendet hatte, klatschte die Lehrerin in ihre Hände und die Klasse stimmte mit ein. *Ala ed-Din* neben ihr neigte seinen Kopf zu ihr herüber und sagte: „Ich heiße Ismail." Eser klopfte ihm auf die Schulter und antwortete, dass er ja bereits wisse, wer sie sei, sie sei aber sehr froh, ihn kennenzulernen. Und so führte Eser mit dem jungen Ismail und allen anderen neuen Schülerinnen und Schülern in der Klasse das heiterste, angenehmste und zufriedenste Schuljahr, frei von schlechten Noten und voll freudiger Erinnerungen.

Was den Sklaven der Herrin des Ringes betraf, so sollte Eser ihn nie wiedersehen. Nicht, dass sie ihn zu späteren Zeitpunkten nicht gerne wieder zu Hilfe gerufen hätte, er reagierte nur nicht mehr. Das mag daran liegen, dass Eser den Ring der Großmutter nicht mehr in der richtigen Weise rieb, oder vielleicht auch daran, dass sie von nun an in ihrem Innersten wusste, dass sie ihre Probleme selbst lösen konnte.

Meine Mama war bereits mit 17 Jahren verlobt, mein Vater war damals im Bergwerk in Soma (in der Westtürkei) als „Schreiber" tätig. So nannte man die Arbeiter, die Inventar führten. Soma kennen Sie vielleicht: Im Mai 2014 ereignete sich dort ein schweres Grubenunglück, das bisher schwerste Grubenunglück in der türkischen Geschichte mit mehr als 300 Toten. Während eines Schichtwechsels war es zu einem Brand im Stollen gekommen. Später stellte sich dann heraus, dass sich die Kohle, die in dem Bergwerk gefördert wurde, selbst entzündet hatte. Tagelang schon wussten die Verantwortlichen offenbar Bescheid, weil die Arbeiter vor der Katastrophe immer wieder gemeldet hatten, dass heiße Kohle gefördert worden war. Unternommen wurde aber nichts, bis es zu spät war. Am Ende wurde in der Türkei eine dreitägige Staatstrauer ausgerufen – das war alles, Verantwortung für die Katastrophe hat bis heute niemand übernommen. Das war zum Glück alles lange nachdem mein Baba dort gearbeitet hatte.

Mein Vater hatte damals den Militärdienst noch nicht geleistet, deshalb wollte meine Oma (mütterlicherseits) nicht, dass meine Mama ihn heiratet. Ein noch nicht geleisteter Militärdienst war immer so etwas wie ein Damoklesschwert, das über einem jungen Mann schwebt. Nicht, weil er so lange dauerte – ich glaube es waren auch damals „nur" 15 Monate –, sondern weil niemand wissen konnte, was während dieser Zeit passieren würde. Die türkische Armee mischte sich immer wieder in Konflikte ein oder zettelte sie selbst an. 1960 im Koreakrieg, 1970 ein Putsch, 1974 wurde der Nordteil von Zypern besetzt, 1980 wieder ein Putsch – und so weiter.

Meine Eltern haben damals trotzdem geheiratet. Die Liebe war stärker! – Das ist zumindest meine romantische Vorstellung davon. Ob es wirklich so war, weiß ich nicht. Weder Anne noch Baba wollten sich dazu äußern. Einigen wir uns darauf, dass das Schicksal es so wollte. Anne und Baba heirateten also trotz der widrigen Umstände, sie war damals 18, er 20 Jahre alt.

Mein Vater ist übrigens in Aydın, im Westen der Türkei, geboren, das ist eine Kleinstadt zwischen Izmir und Bodrum, leider nicht direkt am Mittelmeer, aber auch nicht weit davon entfernt. Unsere Vorfahren, sprich seine Eltern und Großeltern, wurden während des Dersim-Massakers 1937/38 vertrieben oder deportiert. Baba ist 1944 auf die Welt gekommen. In Aydın hat er nur neun Jahre gelebt, danach wurden die Menschen, die damals vertrieben wurden, „begnadigt" (auf Türkisch: „af") und sie konnten wieder zurück in ihre alte Heimat ganz im Osten der Türkei gehen, die Baba ja gar nicht mehr kannte, nach Mukuf (dem heutigen Ünveren Köy). Das war ein winziges Dorf mit nicht einmal 50 Einwohnern, mitten in Doğu Anadolu, in Ostanalolien, das nach dem Dersim-Aufstand von der türkischen Armee praktisch dem Erdboden gleichgemacht worden war.

Unter dem türkischen Begriff „af" wird wortwörtlich „Begnadigung" oder „Vergebung" verstanden. Früher wurden in der Türkei vor Wahlen immer einige Gefängnisinsassen entlassen, damit Stimmen für die Partei gewonnen werden konnten. Sie wurden also begnadigt, in der Hoffnung, dass sie, ihre gesamte Familie und ihr Freundeskreis dann die Partei wählen würden. So kann man in der Türkei viele zusätzliche Stimmen bekommen, wenn man ein paar hundert oder tausend Kleinkriminelle freilässt. – Ja, und diesen Ausdruck „af" hat man dann zynischerweise auch für die Überlebenden des Dersim-Massakers verwendet. Ihnen wurde also „vergeben", dass sie sich aufgelehnt hatten, und ihnen wurde die „Gnade" gewährt, wieder nach Hause zurückgehen zu dürfen. – Was für ein Hohn und was für eine Erniedrigung!

Mein Ururgroßvater (der Opa meines Vaters) war, genauso wie ich, ein Gerechtigkeitsfanatiker, ich glaube, das haben wir familiär in den Genen. Er hat sich immer schon für die Armen eingesetzt, auch wenn er selbst bitterarm gewesen sein muss. Er schlug sich damals 1937 zu Beginn des Dersim-Aufstandes auf die Seite der Rebellen und stellte sich Seite an Seite mit dem Anführer des Aufstandes, dem großen Seyit Rıza, gegen das türkische Regime und versuchte vergeblich zu verhindern, dass ihre Dörfer besetzt und Menschen umgebracht werden. Am Ende wäre mein Uropa deshalb fast hingerichtet worden, genau wie Seyit Rıza hätte er gehängt werden sollen. Mein Opa konnte aber irgendwie entkommen und sich befreien. Seyit Rıza nicht, er wurde hingerichtet. Seither trägt er bei den Zaza den Beinamen „der Große", weil er der wichtigste Mann bei dem Aufstand war und praktisch sein Leben geopfert hat. Ich kenne ihn logischerweise nur von Fotos: Damals war Seyit Rıza schon ein alter Mann mit einem langen, weißen Bart, in traditioneller Kleidung mit einem Turban auf dem Kopf. Er ist 1862 geboren, hat also sogar das Osmanische Reich und dessen Zusammenbruch miterlebt. Als er den Aufstand anzettelte, war er 75 (!) Jahre alt. – Sehr ehrfurchterregend, aber auch gütig schaut er auf den Fotos aus, die es von ihm gibt. Genau so muss er zu Lebzeiten auch auf die Menschen in seinem Umfeld gewirkt haben, er muss Autorität, Strenge und gleichzeitig Warmherzigkeit ausgestrahlt haben. Auch ihm wird nachgesagt, dass er immer schon Menschen auf der Flucht geholfen und Arme und Obdachlose aufgenommen hätte, genau wie mein Uropa. Um Seyit Rıza ranken sich heute viele Legenden und Mythen. Für uns AlevitInnen aus Dersim ist er so etwas wie ein Andreas Hofer für die Christen in Tirol. Keine Ahnung, ob der Vergleich einer historischen Prüfung standhält, aber genau so kommt es mir vor.

Nachdem meine Familie Jahre nach dem Aufstand und der Vertreibung in den Westen wieder zurück nach Ostanatolien durfte, hat mein Opa (väterlicherseits) sein ganzes Hab und Gut, das er sich in der Zwischenzeit wieder erarbeitet hatte, verkauft, und ist mit der ganzen Familie in die Stadt gezogen, nicht mehr zurück in das zerstörte Dorf. Das war in der Zwischenzeit zwar wieder halbwegs aufgebaut worden, es gab dort aber nur eine kleine Volksschule und sonst nichts. Die Menschen waren mehr oder weniger Selbstversorger, Arbeitsplätze gab es keine. Damit mein Vater und seine Geschwister also weiter in die Schule gehen konnten, mussten sie in die nächstgelegene Stadt ziehen, nach Erzincan. Damals ein Provinzstädtchen mit nicht einmal 70.000 Einwohnern, heute immerhin ungefähr so groß wie Innsbruck.

Die ganze Familie lebte dort von dem Nötigsten. Mein Opa hatte ein kleines Grundstück gekauft, auf dem sie sich niedergelassen hatten. Baba baute darauf später über Nacht ein kleines Haus für sich und meine Mama, weil sie sich wegen des Militärdienstes sonst nichts leisten konnten. Und wenn ich sage, er hat das Haus über Nacht gebaut, dann meine ich *über Nacht*. Gecekondu nennt man diese Häuser, die wirklich ganz schnell und ohne Genehmigung errichtet und meist dann genauso schnell von den Behörden auch wieder abgerissen wurden. Zu dieser Zeit (1967) kam mein ältester Bruder Özaydın („Ötschi") auf die Welt und erst ein Jahr später war dann auch der Militärdienst meines Vaters endlich vorbei. Danach baute er wieder ein Haus, am selben Grundstück, nur diesmal mit den nötigen Genehmigungen. Von diesem Tag an schien plötzlich alles rund zu laufen bei der noch kleinen Familie Akbaba.

Die türkische Armee suchte damals dringend Beamte, Baba bewarb sich und wurde genommen. Noch zwei Kinder erblickten dort das Licht der Welt, meine Brüder Kemal und Serdar. Alle müssen sehr stolz und glücklich gewesen sein damals. Nach so langer Zeit, nach Mord und Totschlag, der Flucht in den Westen und der Rückkehr in die bittere Armut, jetzt das: Baba war Armee-Bediensteter, Hausbesitzer und stolzer Vater von drei Söhnen. Nach den mageren Jahren schienen jetzt die fetten zu kommen.

Mein Vater ist selbst der Älteste seiner Geschwister. Meine Baba-Anne (Großmutter väterlicherseits) war zuckerkrank, mein Dede (Opa) war genau wie mein Vater (oder besser gesagt, mein Vater war genau wie mein Opa) ein sehr autoritärer Mann. Im Nachhinein habe ich verstanden, warum mein Vater teilweise so emotionslos war: Er selbst hat leider nie wirklich Liebe bekommen, deshalb konnte er seinen Kindern ebenfalls keine Liebe zeigen, obwohl sie immer da war und ist.

Weil meine Großeltern, seine Eltern also, ihn nicht unterstützen konnten, musste er gleich nach dem Militärdienst arbeiten, obwohl er vielleicht ebenfalls viel lieber ein Studium absolviert hätte. Wie Sie sich mittlerweile vielleicht vorstellen können, redet Baba in dieser Hinsicht nicht viel. Er hat zwar gleich einen sehr angesehenen Job gefunden, am Ende stellte sich aber heraus, dass auch das nicht reichen würde. Zumindest nicht für das, was er und Anne für die Kinder wollten, nämlich etwas Besseres.

Die Arbeiter, die Baba damals beim Hausbauen geholfen hatten, sollten zu seinem und damit auch unserem Schicksal einen wichtigen Beitrag leisten. Sie waren sehr arm, eines Tages aber sind sie als Gastarbeiter nach Deutschland gegangen, und als sie wieder auf Besuch in der Heimat waren, trugen sie plötzlich Anzug und Krawatte. Das hat meinem Vater sehr imponiert und er wollte unbedingt auch nach Europa. Mein Dede versuchte es ihm noch auszureden: „Mein Sohn, dein Europa liegt doch vor deiner eigenen Tür, du hast einen sehr gut bezahlten Job, was willst du mehr?" Baba hätte damals sogar die Möglichkeit gehabt, einen noch besseren Job bei der Polizei in Erzurum zu bekommen. Die Aufnahmeprüfung hatte er jedenfalls sogar schon gemacht und mit Bravour bestanden. Gleichzeitig erblickte damals auch noch das erste Mädchen der Familie Akbaba das Licht der Welt, Kind Nummer vier, meine Schwester Pınar. Alles Gründe, um nicht zu gehen. Wie wir wissen, ist es doch anders gekommen.

Eines Tages erhielten meine Eltern aus einem Ort namens St. Pölten einen Brief von einem Verwandten, der dort schon Dolmetscher war. Das war die Einladung nach Österreich. Vitamin B war damals schon Mittel zum Zweck. Zuerst aber mussten sie zur Gesundenuntersuchung nach Istanbul, Österreich wollte freilich gesunde und muntere Arbeiterinnen und Arbeiter.

Pınar war damals gerade einmal 20 Tage alt. Die Kinder mussten bei den Großeltern bleiben.

Mein Vater bestand den Test, meine Mutter zuerst aber nicht, sie hatte gerade erst eine Geburt hinter sich und war noch nicht ganz auf der Höhe. Sie war sehr traurig darüber damals, wie sie heute erzählt, denn geplant war natürlich, dass wir alle auf einmal auswandern. So aber musste mein Vater zunächst einmal allein nach Österreich reisen und die Lage dort auschecken. Das war im September 1973. Mit Bosfor Reisen, einer Firma, die sich mehr oder weniger auf Gastarbeiter-Transporte spezialisiert hatte, ging es mit dem Bus von der Türkei direkt nach Österreich, nach Wien zum Südbahnhof, und von dort wurde er dann von seinem neuen Firmenchef abgeholt und nach St. Pölten gebracht. Meine Mama blieb bei den Kindern, und das war, wie sich herausstellte, gar nicht so schlecht, denn in Österreich war ja alles noch völlig ungewiss und unbekannt.

Mein Europa

Benim Avrupam

Meine Mutter wollte dann auch gar nicht so schnell nach Europa, weil sie die vier Kinder nicht allein lassen wollte. Mit den Kindern wäre es nicht möglich gewesen, mein Baba hatte noch nicht einmal eine Wohnung. Er teilte sich zu dem Zeitpunkt ein Zimmer mit zwei anderen Gastarbeitern. Aber er schickte meiner Mutter immer wieder Briefe, in denen er schrieb, dass sie doch kommen solle, dass er sie bei sich haben wolle, weil er allein nicht zurechtkomme. Da wurde das Herz meiner Baba-Anne (meine Oma väterlicherseits) sehr weich, woraufhin sie lange auf meine Mutter einredete, bis diese endlich einwilligte. Wenn meine Mutter uns diese Geschichte erzählt, dann erwähnt sie jedes Mal – mit Tränen in den Augen –, dass meine Schwester damals erst sechs Monate alt war. Man kann es ihr immer noch ansehen, wie sehr es ihr leidtat, dass sie ihre Kinder allein gelassen hat.

Im Frühjahr 1974 kam dann auch meine Mama nach Österreich und das Erste, was sie zu meinem Vater sagte, war: „Und das hier ist dein Europa?" – Es war düster, grau und karg. Meiner Mutter gefiel es überhaupt nicht.

Meine Eltern wohnten in St. Pölten in einer Fabrikswohnung. Unten war ein Gasthaus, im oberen Geschoß wohnten sie. Meine Mutter erinnert sich noch sehr gut: ein langer Gang mit kleinen Wohnungen ohne Wasser, Substandard eben. WC und Wasser waren im Untergeschoß. Ein knappes Jahr lebten meine Eltern dort.

Im Oktober 1974 kamen meine Geschwister mit meiner Oma nach St. Pölten nach. Natürlich mussten sie dann in eine andere Wohnung. Die neue Wohnung war in der Nähe des neuen Arbeitgebers meiner Eltern, einer Spinnerei, ebenfalls in St. Pölten. Schichtweise haben sie dort gearbeitet, meine Mama von 6 Uhr früh bis 14 Uhr und mein Vater von 14 Uhr bis 22 Uhr. 1975 kam Isi auf die Welt und meine Mama wollte sich karenzieren lassen. Aber ihr damaliger Arbeitgeber bestand darauf, dass sie weiterarbeitet und nicht in Karenz geht. Isi war einen Monat alt und meine Oma, die ja zurück in die Türkei gefahren war, musste wieder anreisen und auf die Kinder aufpassen. Einen Monat später kam dann die Kündigung für meine Mama, sie wurde nicht mehr gebraucht in der Spinnerei.

Zu dieser Zeit hatte es sich in der Welt der Gastarbeiter freilich längst herumgesprochen, dass es in Wien bessere Jobmöglichkeiten gab. Und so machten sich meine Eltern mit dem Auto auf den Weg dorthin. „Ein weißer Peugeot mit einem breiten, grauen Streifen in der Mitte", erinnert sich mein Vater. Er hatte ihn gebraucht gekauft und selbst repariert. Baba und Anne wussten zu diesem Zeitpunkt nicht, dass dieser Wagen für die nächste Zeit ihr Zuhause sein würde. Meine Mama hat in Wien nämlich tatsächlich schnell einen neuen Job bekommen und gleich zu arbeiten begonnen. In einer Fabrik, wo sie stapelweise Papier verpacken musste. „Akkordarbeit war das", erinnert sich meine Mama, „wieder von 6 bis 14 Uhr in der einen Woche, in der nächsten dann von 14 bis 22 Uhr." Mein Vater, der ja noch keine neue Stelle gefunden hatte und immer noch auf der Suche war, musste immer auf meine Mama warten, bis er nach zwei

Wochen auch in derselben Firma zu arbeiten anfing. Wohnung hatten sie noch keine in Wien, die Kinder waren noch bei der Oma in St. Pölten. Während also mein Baba nachmittags arbeitete, wartete meine Anne auf ihn im Auto. Und umgekehrt. Als beide dann endlich wieder da waren, um Punkt 22 Uhr, fuhren sie zurück nach St. Pölten zu den Kindern, die dann aber schon längst schliefen. Um vier oder halb fünf Uhr in der Früh ging es wieder Richtung Wien, einer der beiden musste ja um sechs bei der Arbeit sein, der andere konnte in der Zwischenzeit auf Wohnungssuche gehen. Meine Geschwister bekamen ihre Eltern zu dieser Zeit im Grunde nie zu Gesicht. Zwei Monate lang dauerte diese Phase, dann endlich fanden meine Eltern eine neue Wohnung für uns alle in Wien. Wir übersiedelten also wieder. Obwohl: Was heißt *wir*? – Ich war ja noch gar nicht auf der Welt.

Meine Eltern arbeiteten und arbeiteten. Die Arbeitsstellen wechselten dauernd. Anne war nach der Papierfabrik in einer Hut-Manufaktur, wo sie Kappen und Mützen nähte. „In einem großen Saal sind wir Frauen gesessen", erinnert sie sich. „In einer Reihe haben wir die Textilstücke zu Mützen und Kappen zusammengenäht." Dort ist sie drei Jahre geblieben. Danach hat sie in einer anderen Textilfirma Socken der Größe nach geordnet. Später war sie Köchin, Abwäscherin, Putzfrau und währenddessen immer auch Hausfrau und (damals) fünffache Mutter. Wen wundert es, dass sie jahrelang keine Zeit und vielleicht auch keine Lust hatte, zusätzlich auch noch Deutschkurse zu besuchen. Wenn es die überhaupt gegeben hätte und sie nicht so teuer gewesen wären.

Baba fand irgendwann einen Job bei einer Firma im 11. Bezirk. So hat sich schlussendlich dann auch der Posten als Hausmeister ergeben und die dazugehörige Gastarbeiter-Maisonette, in der auch ich aufgewachsen bin. Die obere Wohnung wurde, wie gesagt, gleich dazu gemietet, weil die Hausmeisterwohnung unten viel zu klein war für so viele Leute. Unten schliefen und wohnten die Eltern, oben die Kinder. „Oben hat es glücklicherweise auch einen Wasseranschluss gegeben, da kam dann auch die Waschmaschine hinein", erzählt mir meine Mutter, eine Dusche ging sich da aber nicht aus. So ist Familie Akbaba damals einmal pro Woche ausgerückt, um in das städtische Bad in der Geiselbergstraße, gleich bei uns ums Eck, zu gehen und sich dort ausgiebig zu waschen und zu duschen. Heute unvorstellbar – damals aber total normal, bei fast allen Gastarbeiterfamilien und auch bei vielen Nicht-Gastarbeitern.

Geburtsstunde

Am 11. Mai 1979 war es dann endlich soweit. Eser Akbaba erblickte das Licht  der Welt. Als letztes von sechs Kindern. Diesmal nahm meine Mama erstmals die Karenz in Anspruch. Weil sie nach einem Jahr aber wieder arbeiten musste, kam ich in den Kindergarten. Meine Oma war ja längst wieder zurück in der Türkei und konnte nicht schon wieder anreisen, um auf ein Kleinkind aufzupassen, außerdem waren meine Brüder ja zum Teil schon groß genug, um das zu übernehmen. Im Nachhinein bin ich meinen Eltern unendlich dankbar, dass sie mich so jung in die

Kinderkrippe gesteckt haben, denn sonst wäre mein Leben vermutlich ganz anders verlaufen.

Anne erzählt mir immer wieder, was für ein Dickkopf ich als Kind war. Täglich auf dem Weg zum Kindergarten mussten wir an einem Süßigkeitengeschäft vorbei. Sobald ich alt genug war, das zu realisieren, bin ich dort jeden Tag einfach stehen geblieben und habe etwas zum Naschen verlangt. Ich stand so lange vor dem Geschäft, bis mir meine Mama etwas kaufte. Ich selbst erinnere mich an eine Situation mit meinem Bruder Serdar, vermutlich, weil es etwas Besonderes war, dass er mich einmal zum Kindergarten brachte: Ich blieb wieder einfach stehen, das hatte ja schon Tradition, nur Serdar – wir nennen ihn Sigi – wusste davon nichts. Er hatte offenbar auch kein Geld dabei, also habe ich einen Aufstand gemacht, wie kleine Kinder es eben so tun, wenn sie nicht bekommen, was sie wollen. Ich glaube, Sigi hat sich aus Ratlosigkeit, und wohl auch aus Scham, hinter parkenden Autos versteckt. Ich erinnere mich, dass er plötzlich verschwunden war, was nicht gerade zu meiner Beruhigung beigetrug. Zu dem enormen Wunsch nach Süßigkeiten gesellte sich jetzt auch noch Panik. Sigi dürfte es zu viel geworden sein, er war plötzlich wieder da. Ich war wohl so froh über seine Rückkehr, dass ich die Süßigkeiten komplett vergaß. Und zwar für immer. Ab diesem Zeitpunkt habe ich das Geschäft jeden Tag ignoriert.

Ich glaube, ich war im Grunde ein recht pflegeleichtes Kind. Ich habe später in der Schule meine Hausaufgaben immer ganz allein gemacht und mich mit mir selbst vor dem Spiegel unterhalten. „Du wolltest immer zuerst deine Hausaufgaben machen und erst dann essen", erzählt mir meine Mama heute. Und ich habe es gehasst, wenn sich jemand meine Stifte ausborgte, ohne mich vorher zu fragen. Bei mir musste alles seine Ordnung haben. Ich verteidigte zum Beispiel auch die Sachen meiner Mutter und wollte nicht, dass sich Pınar Kleider von ihr ausborgt.

Meine Mama arbeitete damals im 12. Wiener Gemeindebezirk als „Geflügelarbeiterin" in einem Großhandel. Die Hühner kamen – natürlich nicht lebendig – in diese Firma und wurden dort für den Verkauf zurechtgeschnitten. Bei diesem Job fing sich meine Mama eine Entzündung ein. Sie ging zum Arzt, der ihr ohne irgendein Röntgenbild eine Spritze verabreichte, wodurch die Entzündung noch schlimmer wurde. Ihre Gelenke schwollen an, die Schmerzen waren enorm. Meine Schwester hat ein Trauma von dieser Zeit. Sie war noch ein Kind und musste mitansehen, wie schwer meine Mutter mit den Schmerzen zu kämpfen hatte. „Ich war hilflos und sie tat mir so leid, weil sie wegen der Schmerzen immer sehr geweint hat."

Weil Mama deshalb nicht mehr in der Geflügelfirma arbeiten konnte, musste sie kündigen und fing erneut an, in einer Wäscherei zu arbeiten. Das war einfacher und die Umgebung war wärmer als in dem gekühlten Raum davor. Aber auch in der Wäscherei hielt sie es dann nicht lange aus, obwohl sie damals täglich Tabletten und Schmerzmittel einnehmen musste, waren die Schmerzen zu groß. Ich kann mich an diese Zeit nicht erinnern, für meine Geschwister muss es sicherlich sehr hart gewesen sein, besonders für meine Schwester, die sowohl die Verantwortung für mich hatte, als auch den Haushalt schupfen musste. Damals war ich zwei oder drei Jahre alt. Mein

Onkel erinnert sich heute noch an das Bild der kleinen Pınar, die mit neun Jahren auf dem Stuhl stand und Essen kochte. Leicht hatte sie es bestimmt nicht. Wenn ich diese Geschichten höre, werde ich selbst immer ganz traurig. Heute kann man sich das gar nicht mehr vorstellen, aber damals war es leider üblich, dass die älteren Schwestern immer auf die jüngeren Geschwister aufpassten. In unserem Fall war es so, dass Pınar sich sowohl um die jüngeren als auch um die älteren Kinder kümmern musste.

Eines Tages wurde meine Mutter ins Lainzer Spital eingeliefert, dort stellte man die Diagnose Rheuma. Ganze sechs Wochen lang lag sie im Krankenhaus. Sie erinnern sich bestimmt noch an die „Todesengel von Lainz": In den 1980er Jahren ermordeten vier Stationsgehilfinnen im Krankenhaus Lainz Patientinnen und Patienten, und zwar viele. Wie viele genau ist gar nicht bekannt. Teilweise mussten Verstorbene exhumiert werden, damit überprüft werden konnte, ob sie ebenfalls umgebracht worden sind oder nicht. Die Frauen vergifteten die Menschen oder erstickten sie brutal, indem eine den Kopf fixierte und die Nase zuhielt, während die andere mit einem Schlauch so lange Wasser in den Mund schüttete, bis das Opfer tot war. „Tötung aus Mitleid" oder „gnadenvolle Erlösung" hieß es damals oft, nachdem die Morde aufgeflogen waren, weil die Opfer allesamt schwer krank waren. Das war ein Riesenthema in allen Medien, jeder sprach darüber.

Ich weiß noch, wie teuflisch ich die Frauen fand und wie sehr ich mich gruselte, denn womöglich bin ich ihnen sogar einmal selbst auf einem Gang oder so begegnet. Meine Mama hat jedenfalls immer behauptet, dass diese Frauen sich auch um sie gekümmert hätten, während sie in Lainz zur Behandlung war. Ich habe immer gehofft, dass sie sich getäuscht hat. Der Gedanke, dass womöglich Mörderinnen wochenlang mit meiner Mama zu tun hatten, macht mir heute noch Angst. Ich bin jedenfalls sehr froh, dass meiner Mama damals nichts zugestoßen ist.

Nach sechs Wochen wurde sie jedenfalls endlich entlassen, aber die Freude währte nicht lange, denn sie musste gleich wieder für drei Wochen in ein Rehabilitationszentrum in Laab im Walde bei Mödling. Ich weiß noch, dass ich als Kind immer weinte, wenn wir sie dort besuchten, und mein Vater musste mich dann immer mit einem Eis von Tichy (Wiens legendärster Eissalon im 10. Gemeindebezirk, der mit den berühmten Eismarillenknödeln) trösten – übrigens für mich das beste Eis der Welt. Wenn Sie mal die Chance haben, müssen Sie dort vorbeischauen.

Meine Anne musste danach noch zwei oder dreimal auf Kur. Für mich ob der ständigen Eis-Versorgung ja nicht schlecht, aber für meine Eltern war das schon eine Herausforderung; und für meine Geschwister, vor allem wieder für die arme Pınar, die währenddessen den gesamten Haushalt schupfen und sich um alles kümmern musste, was sonst Mama machte, weil Papa ja selbst arbeiten war und die älteren Brüder immer unterwegs waren. Nach dem Kuraufenthalt wurde Mama vorzeitig pensioniert und war dann wenigstens wieder zu Hause.

Neue Freunde

In der Zwischenzeit beantragten wir 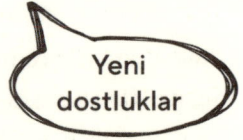 die österreichische Staatsbürgerschaft. „12.000 Schilling mussten wir damals dafür bezahlen", erinnern sich meine Eltern. Meine Mutter musste sich einem Deutschtest unterziehen. Fragen wie „Wo arbeiten Sie, wo wohnen Sie?" wurden da gestellt. Man wollte testen, ob sie die deutsche Sprache beherrschte, und hat dabei wohl ein Auge (vielleicht auch zwei) zugedrückt. Am 2. Mai 1986 war es dann so weit – wir erhielten die Staatsbürgerschaft, ohne zeremonielle Feier. Damals war ich sechs Jahre alt, ich kann mich nur erinnern, dass wir uns etwas Schönes anziehen mussten und dann gemeinsam zum Amt gingen. Eine Horde von acht Personen, die sich alle gerade sehr würdevoll vorkommen, macht schon Eindruck bei so einer Behörde. Und ich weiß noch, dass ich ausnahmsweise einmal nicht übersetzen musste.

Auch sonst verbesserte sich damals einiges in unserem Leben. Weil die Hausmeisterwohnung im 11. Bezirk von Schimmel befallen, nicht gerade lichtdurchflutet und das WC am (im Winter eisigen) Gang drei verschiedenen Parteien zugeordnet war und sich meine chronisch kranke Mutter dort nicht wirklich erholen konnte, machten sich meine Eltern auf die Suche nach einer neuen Wohnung. Und da kam zum zweiten Mal (nach der Einladung meiner Eltern nach Österreich) eine Art von Vitamin B ins Spiel: Ein gewisser Rudi Hellar, damals Generalsekretär des Autofahrerclubs ARBÖ, ein richtig hohes Tier, half uns bei der Wohnungssuche. Rudi Hellar war ein wirklich guter Freund

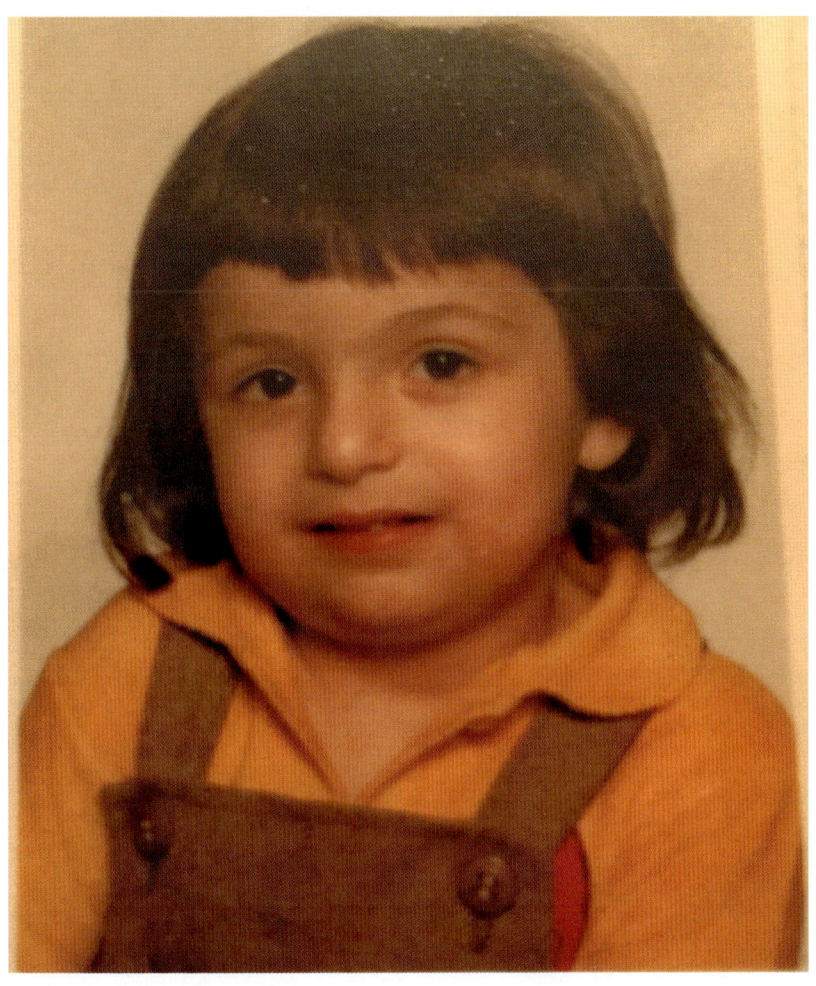

Eser im zarten Alter von drei Jahren im Kindergarten.

Von links nach rechts: Mein Ururgroßvater, mein Onkel und meine Tante väterlicherseits (im Arm ihre Tochter), mein Großvater und meine Groß-mutter väterlicherseits und im Arm mein Vater.

Links: Meine Mutter (schwanger mit meinem Bruder Serdar) und mein Vater in Erzincan. **Rechts:** Meine Brüder Serdar (links) und Kemal in Erzincan.

Das Dorf meiner Eltern in Dersim (heute: Tunceli) – Mukuf (heute: Ünveren).

Im ersten Haus auf der rechten Seite ist meine Mutter auf die Welt gekommen.

Meine Mutter mit meinem ältesten Bruder Özaydın in Erzincan.

Oben rechts: *Meine Mama heute.* **Unten rechts:** *Ich im Kindergarten mit fünf Jahren.* **Unten links:** *Meine Eltern mit Özaydın im Hintergrund und Ismail im Vordergrund in Kaisermühlen in Wien.*

Oben: *Im Kindergarten mit Tante Helga (hinten rechts).* **Unten links:** *Stofftier „Mimi" und ich.* **Unten rechts:** *Meine Schwester Pınar.*

„das biber"-Kampagne zur Nationalratswahl 2013 mit v.l.n.r.: Fadi Merza, Mija Friedländer-Chon, Nazar, Eser Akbaba und Mike Galeli.

Willkommen beim Wetter – ORF Presseshooting 2013 für das „Wien-Wetter".

Dancing Stars 2017 mit Tanzpartner Danilo Campisi.

Auf den Spuren Carl Michael Belcredis: Bereit für das ORF1-Wetter im Infostudio.

der Familie. Als meine Mama im Krankenhaus war, waren wir öfter bei ihm zu Hause in Niederösterreich, dort hatten er und seine Familie ein Haus mit Garten. Für mich war das damals wie im Himmel! Ich kann mich sogar noch an den Geruch dort erinnern, es roch nach frisch gemähtem Gras, dem großen Fliederbusch am Eck und den Rosen entlang der Hausmauer. Falls Sie sich fragen, warum meine Eltern, hauptsächlich mein Baba, mit so jemandem wie Herrn Hellar befreundet waren – was soll ich sagen: Auch Gastarbeiter sind damals nicht an der österreichischen Politik vorbeigekommen. Baba und er haben sich über die SPÖ irgendwo kennengelernt, Herr Hellar hat sich daraufhin vermutlich aus Mitleid ein bisschen um uns gekümmert, und am Ende ist daraus eine echte Freundschaft geworden. Ich habe noch heute mit ihm Kontakt.

Die SPÖ bemühte sich schon sehr früh um Gastarbeiterfamilien. Politisch zumindest – im echten Leben eher weniger, es gab ja nicht einmal Deutschkurse. Dahinter steckte wohl das Kalkül, dass die Gastarbeiter irgendwann Staatsbürger sein und wählen gehen würden. Damals war die Parteizugehörigkeit so und so ein großes Thema in allen Gesellschaftsbereichen, bei uns war es natürlich die SPÖ. Was sonst: Meine Eltern waren Arbeiter und die SPÖ die Arbeiterpartei. Die FPÖ ist ja ausgeschieden, die waren zwar auch für die kleinen Leute, aber, wie sie sich denken können, nicht für Leute wie uns.

Ich bin deshalb heute davon überzeugt, dass das Rotationsprinzip, von dem damals in Bezug auf Gastarbeiter immer die Rede war, eine frühe Form von Fake-News war, um der einheimischen Bevölkerung weiszumachen: „Schaut her, die kommen nach Österreich, arbeiten hier für uns und dann gehen sie wieder." – Ganz ehrlich? Die Verantwortlichen in Österreich mussten gewusst haben, dass es keine wirkliche Rotation geben würde und dass die Gastarbeiter und ihre Familien natürlich bleiben würden. Wenn es ihnen nicht von Anfang an klar war, dann mussten sie es wenigstens nach ein paar Jahren mitbekommen haben, sobald Familien nachgeholt wurden, Kinder auf die Welt kamen und ihre ganze Existenz hier begründet war.

Wer geht schon freiwillig wieder heim, wenn er oder sie sich gerade ein neues Leben aufgebaut hat, noch dazu in einem Land, das ökonomisch und gesellschaftlich stabil ist, in dem man keine Angst vor Verfolgung haben muss und in dem man zum Teil ein Vielfaches von dem verdient, was man in der Heimat für dieselbe Arbeit bekommen würde. Mit diesen Argumenten wurde ja sogar um die Gastarbeiter geworben. Da musste doch klar sein, dass niemand nach einem Jahr sagt: „Okay, ich habe gesehen, wie sicher und wohlhabend man leben kann, aber jetzt nehme ich meine Familie und gehe wieder zurück, um in Unsicherheit und Armut zu leben."

Und warum hätte sich die SPÖ von Anfang an um Gastarbeiter kümmern sollen, wenn sie ohnehin bald wieder weg sein würden? Jedenfalls hatte mein Papa das rote Parteibuch. Politisch aktiv war er nie, aber vielleicht ein bisschen passiv-aktiv, wenn Sie wissen, was ich meine. Er ging natürlich zu irgendwelchen Veranstaltungen, dort hat man politisiert und andere kennengelernt und natürlich nicht „Nein" gesagt, wenn es etwas gratis gab. Auf so einer Veranstaltung, vermutlich von einer Gewerkschaft, haben sich Baba und Rudi Hellar kennengelernt. Wirklich ausgenützt hat meine Familie diesen Kontakt aber nie, es ging mehr darum, sich gegenseitig zu helfen. Genau so, wie man es auch in der Türkei mit Nachbarn und Freunden machen würde.

Neue Ufer

Yeni kıyılar

Die neue Wohnung, die meine Eltern dann schließlich mithilfe von Rudi Hellar fanden, war viel größer als die Gastarbeiter-Maisonette, und luxuriöser. Das war die im 3. Bezirk, die ich schon erwähnt habe, direkt auf der Landstrasser Hauptstraße, mit 125 m². Endlich hatten meine Schwester und ich unser eigenes Zimmer, die Burschen wurden ausquartiert. Es gab ein WC und fließendes Wasser. Besser als je zuvor. Die Stadt Wien hatte die Wohnung sogar gerade erst saniert, kurz bevor wir einzogen. Es war wie in einem Märchen für mich dort.

In dem neuen Haus wohnten damals überwiegend „autochthone" Österreicher. Man kann sich ja vorstellen, wie es war, als plötzlich die Familie Akbaba einzog. „Jetzt hamma di Tiak'n do!", diesen Spruch hörte ich tatsächlich genau so einmal, als ich am Gang vor den Postkästen an zwei anderen Hausbewohnern vorbeiging, die mich nicht bemerkten. Das war ein Schock! In diesem einen Satz schwang so viel Hass mit, so viel Ausgrenzung, dass mir damals ganz übel wurde. Tatsächlich habe ich bis dahin am eigenen Leib nie bewusst etwas derart

Ausländerfeindliches erlebt. Die kannten uns ja gar nicht. Was sollte das? Wie kommen die überhaupt dazu? Fragen, auf die ich bis heute keine Antwort habe. Mittlerweile leben mehr Familien mit nicht-österreichischer Herkunft in diesem Haus. Ich kannte zwar die gängigen Vorurteile auch damals schon, aber dieser eine Satz im Stiegenhaus meines neuen Zuhauses hatte eine andere, neue und hässliche Qualität.

Allerdings dürften die Nachbarn dann schnell gemerkt haben, dass wir gar nicht so sind, wie sie sich „die Tiak'n" vorgestellt hatten. Keine Ahnung, ob das irgendetwas für sie verbesserte oder nicht. Zu den meisten Leuten im Haus hatten wir damals ohnehin keinen echten Kontakt. Sollten sie doch hinter unserem Rücken sagen, was sie wollten. Ich habe jedenfalls immer versucht, höflich zu sein, grüßte, wenn ich jemanden auf dem Gang traf. Meine Eltern wechselten hin und wieder ein paar Worte mit den anderen Hausbewohnern. In der Türkei ist das anders. Dort lebt man nicht nur im selben Haus, man lebt *zusammen* im selben Haus. Man vertraut sich und lädt auch mal die Nachbarn zum Essen ein. Man trifft sich auf der Straße, tratscht, lacht und feiert gemeinsam.

Ich habe schon als Kind, und vor allem später als Jugendliche, oft über diese Unterschiede nachgedacht, mich hat das wirklich beschäftigt. Ich hätte mir ja am liebsten das Beste aus beiden Welten herausgepickt. Die Freundlichkeit, den Zusammenhalt der Türken und die Strebsamkeit, die Korrektheit der Österreicher. Was für eine tolle Gesellschaft wäre das denn? Das bedeutet doch Integration, oder nicht? Man integriert etwas in ein bestehendes System. Integration heißt nicht, dass man sich selbst aufgibt und zu etwas anderem wird. Zu Integration gehören daher immer zwei oder mehrere Parteien, jedenfalls nicht nur eine Person. Baba kann mit dem Begriff bis heute nichts anfangen: „Nach über 40 Jahren sind wir noch immer Gäste in diesem Land. Wie lange ist man eigentlich ein Gast?"

Auf Reisen

Seyahatlerde

s war ein frostiger Abend. Ruhig war es geworden draußen. Es schien, als würden sogar weniger Autos als sonst unterwegs sein. Seit Stunden fielen dicke Schneeflocken vom Himmel, was in einer Stadt wie Wien romantischer klingt, als es ist. Sobald die Schneeflocken nämlich den Boden erreichten, wurden sie zu braunem Matsch. Eser lag eingemummelt in eine Decke auf ihrem Sofa und las ein Buch: *Die schönsten Märchen* von Hans Christian Andersen. Gerade war sie auf eines gestoßen, das sie noch gar nicht kannte. Es handelte von einem *gelehrten Mann aus den kalten Gegenden*, der gerade in einem der *heißen Länder* urlaubte, und dem dort durch mysteriöse Umstände der eigene Schatten abhandengekommen war.

Eser fiel dabei ihr erster Besuch bei den Großeltern in der Türkei ein. Die damals so fremden Gerüche, die ihr heute so vertraut waren; die ungewohnte Hitze, die sie heute so liebte; die vielen Abende in großer und lauter Gesellschaft auf dem Balkon, die sie heute so sehr vermisste. Die Großeltern waren nicht mehr. Nine war zuerst gegangen, im Jahr darauf auch Dede. Auch wenn es die alte Wohnung noch gab, so war doch alles anders geworden in der Türkei; es war heute längst nicht mehr so unbeschwert wie früher. Sie musste fünf oder sechs gewesen sein, sicher nicht älter, bei diesem ersten Urlaub in der damals fremden und heute zweiten Heimat. Es sind Jahre seither vergangen; viele Jahre. Während Eser in ihren Erinnerungen versunken war, wurde ganz leise an ihre Wohnungstüre geklopft. „Wer ist da?", fragte sie. Aber es antwortete niemand; da machte sie die Tür auf und vor ihr stand *ein ganz außerordentlich magerer Mensch, sodass ihr ganz wunderlich zumute wurde.* Allerdings auch außerordentlich gut gekleidet; es musste eine vornehme Dame sein, wie Eser vermutete. „Ja, bitte?", fragte sie. *„Ja, das dachte ich wohl, dass sie mich nicht kennen würden"*, sagte die feine Frau in seltsam gespreiztem Deutsch, *„ich bin ein gut Teil Körper geworden, ich habe ordentlich Fleisch und Kleider bekommen. Sie hätten sicher nicht gedacht, mich in so guter Verfassung zu sehen. Kennen Sie denn Ihren alten Schatten nicht mehr? Ja, Sie haben gewiss nicht geglaubt, dass ich je wiederkommen würde. Mir ist es außerordentlich gut ergangen, seit ich zuletzt bei Ihnen war, ich bin nach jeder Richtung hin sehr vermögend geworden!"* Und sie rasselte dabei mit den vielen Reifen, die ihren Arm schmückten, und schob die Hand unter die dicke Kette, die sie am Hals trug. Nein, wie all ihre Finger von Diamantringen blitzten! Und es war alles echt! Eser war fassungslos: „Was soll das bedeuten?"

„Ja, etwas Gewöhnliches ist es nicht!", sagte der Schatten, „aber Sie selbst gehören ja auch nicht zu den Gewöhnlichen; und ich, das wissen Sie ja, bin von Kindesbeinen an in Ihre Fußspuren getreten. Sobald Sie fanden, dass ich reif genug war, um allein in die Welt hinauszugehen, ging ich meiner Wege."

Eser fiel es wie Schuppen von den Augen: diese eine Nacht, als sie allein auf dem Balkon der Großeltern war und ihren eigenen Schatten am gegenüberliegenden Haus beobachtet hatte. Die wunderbaren Blumen; die Lichter, die aus den hinteren Zimmern zu sehen waren; die leise Musik, die herüberströmte; die geheimnisvolle Bewohnerin, von der nicht einmal Nine wusste, wer sie war; und wie sie ihren Schatten fortschickte, damit er herausfinde, wer dort wohne. All das hatte sie über die Jahre ganz vergessen. „Bitte, komm doch herein! Setz dich! Bitte erzähle, wie es dir ergangen ist und was du in dem gegenüberliegenden Haus dort erlebt hast!"

Und der Schatten erzählte die äußerst merkwürdige Geschichte, wie er sich zuerst geschämt hatte, so ganz ohne Menschen, dann aber mutiger wurde; sich im Mondschein an den Mauern ganz lang gestreckt, in die obersten Fenster hineingeblickt und in Mansarden geschaut hatte; er erzählte, wie aus einem Schatten eine menschliche Frau wurde, die alles gesehen hatte, jede Niedertracht, das Unglaublichste bei Männern, bei Eltern und bei den *entzückenden süßen Kindern.* „Ich sah, was kein Mensch wissen darf, was sie aber alle so schrecklich gern wissen möchten." Und sie erzählte, dass sie jetzt auf der Sonnenseite wohne und bei Regenwetter gewöhnlich zu Hause bleibe. „Wissen Sie, wer in dem uns gegenüberliegenden Haus wohnte?", fragte sie die staunende Eser. „Das Herrlichste von allem: die Poesie!

Ich war dort drei Wochen, und das war so wirksam, als ob man dreitausend Jahre lebt und alles liest, was gedichtet und geschrieben worden ist."

„Die Poesie", flüsterte Eser mehr zu sich selbst denn zu ihrem ehemaligen Schatten, der keiner mehr war, „jaja – die Poesie lebt oft als Einsiedlerin in den großen Städten." Und sie hatte sie auch gesehen, einen kurzen Augenblick nur, weil ihr damals auf dem Balkon der Großeltern als Kind noch der Schlaf in den Augen lag. Aber sie war da gewesen, leuchtend wie das Nordlicht selbst.

„Sie werden ja ganz elend bei all den Erinnerungen!", sagte der Schatten und riss Eser aus ihren Gedanken. *„Sie müssen wieder reisen! Im Sommer will ich eine Reise machen, wollen Sie mitkommen? Ich hätte gern eine Reisegefährtin! Wollen Sie als Schatten mitkommen? Ich bezahle."* Eser erschien dieses Angebot zunächst reichlich seltsam, dann entsann sie sich aber der Vorteile, die es hatte, ein Schatten zu sein.

Und so reisten sie, der Schatten als Eser und Eser als der Schatten; *sie fuhren miteinander, sie gingen zusammen Seite an Seite, voreinander und hintereinander, je nachdem die Sonne stand.*

Der Schatten entwickelte sich prächtig als Mensch und Eser beobachtete Dinge, die nur Schatten sehen können. Eines Tages saßen sie wieder am Balkon der alten Wohnung der Großeltern. Es war Abend, das Zimmer hinter ihnen war hell erleuchtet, sodass sich Eser ganz lang strecken konnte, bis hinauf zu den Fenstern des gegenüberliegenden Hauses, und siehe da: In den hinteren Räumen brannte Licht, und *aus dem Innern erklang Musik so weich und schön, man konnte dabei wirklich in süße Gedanken verfallen.* Es war doch ganz wie Zauberei. Wer mochte da heute wohl wohnen?

Was ich schon immer sehr gerne mache, ist das Reisen. Ich liebe es, andere Länder zu erkunden. Ich war sehr oft weg. Kaum gab es einen Fenstertag, machte ich mit einer Freundin Pläne, wohin es uns über das verlängerte Wochenende verschlagen könnte. Natürlich war ich auch oft bei meinen Geschwistern in Deutschland zu Besuch. Damit mich meine Nichten und Neffen nicht nur von Fotos kennen, war ich sehr oft in Frankfurt. Natürlich immer wieder auch in der Türkei. Vor allem aber liebe ich es, in Länder zu fahren, in denen ich die Sprache nicht spreche. Für mich ist es ein gewisses Abenteuer, wenn man sich irgendwo zurechtfinden muss, wo man sich nicht verständigen kann. Ich wollte immer schon das Unbekannte sehen, Neues kennenlernen, andere Lebensweisen, Mentalitäten und Sprachen.

Als Österreicherin vergisst man oft, wie gut es uns geht: fließendes Wasser aus der Leitung, das wir trinken können, viel Grün, saubere Luft und ein Sozialsystem, das sich sehen lassen kann. „Für viele Ausländer ein attraktives Land", würden einige Politiker behaupten. Für viele „autochthone" Österreicher übrigens auch – „sei ma uns ehrlich".

„Und, warst wieder in der Heimat?", hat mich unlängst eine Arbeitskollegin gefragt, weil sie Fotos von mir in Istanbul auf Instagram gesehen hat. Meine Antwort: „Heimat? Ich habe nicht in Österreich Urlaub gemacht, sondern in der Türkei." Meine Heimat ist Österreich, besser gesagt Wien. Die Türkei ist die Heimat meiner Eltern, wenn schon, dann liegen meine Wurzeln in der Türkei. Meine Heimat ist es aber nicht.

„Du weißt ja eh, wie ich das meine!", ist dann immer die typische Reaktion. – Eigentlich weiß ich das nicht. Ja, ich verstehe es schon, ist ja nicht böse gemeint, aber ich bin der Meinung, dass das ganze Problem eben beim Wording beginnt. Warum ist es denn so schwer, zu akzeptieren, dass ich Österreicherin bin? Zumal ich doch hier geboren bin wie die Arbeitskollegin auch. Bei Carl M. Belcredi hat sich doch niemand gefragt, ob er Ausländer ist. Er ist in Brünn, im heutigen Tschechien, zur Welt gekommen.

Fremde Heimat

Integration war für mich die längste Zeit überhaupt kein Thema. Ich bin mir nicht 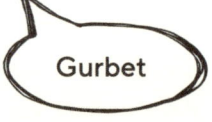 einmal sicher, ob ich dieses Wort überhaupt kannte. Erst während des Wahlkampfes 1999 fing ich an, mich damit zu beschäftigen. Oder besser gesagt: Das Thema fing an, mich zu beschäftigen. Gezwungenermaßen: Damals waren Nationalratswahlen und die FPÖ war mit Jörg Haider an der Spitze die zweitstärkste Kraft. Ich kann mich noch an die ausländerfeindliche Wahlkampagne erinnern. „Stopp der Überfremdung", hieß es da. Im damaligen Jugoslawien tobte ein furchtbarer Krieg und zehntausende Menschen suchten Schutz im Nachbarland Österreich. Die Stimmung, die diese Kampagne verbreitete, erinnerte mich an die Nachbarn im Stiegenhaus und wie sie über uns, als wir gerade neu eingezogen waren, geredet hatten: „Jetzt hamma die Tiak'n do!"– und „jetzt a nu de Jugos". Da war keine Sorge zu hören, keine Angst vor fremden Menschen, das war pure Abneigung und Ausgrenzung. Aber so ist das, wenn eine Partei monatelang gegen andere Menschen Stimmung macht, sie als Diebe und Schmarotzer hinstellt und davor warnt, dass sie das Land übernehmen, die Kultur vernichten und Jobs stehlen könnten. 1999 war ja nicht das erste Mal, dass so etwas passiert ist in Österreich, und auch nicht das letzte Mal.

Nichtsdestotrotz: Umso mehr kommt es mir wie eine Ironie der Geschichte vor, dass ausgerechnet Jörg Haider mit seinem ausländerfeindlichen Wahlkampf am Ende dazu beigetragen hat, dass das Wort Integration plötzlich in aller Munde war. Die Frage war schon damals, was es überhaupt bedeutet – auch wenn sich darüber in Wahrheit niemand den Kopf zerbrach. Jeder legte einfach die Bedeutung, die er oder sie für richtig hielt, in das Wort hinein. Im Grunde meinten damals viele, ein gut integrierter „Ausländer", sei einer, den man nicht mehr als Ausländer erkennen kann. Ein Mensch also, der alles, was ihn ausländisch macht, ablegt, und so wird wie die Inländer. Sprich, der türkische Muslim rasiert sich den Schnauzbart ab, wirft sich in eine Lederhose, geht sonntags brav in die Kirche und danach zum Biertrinken und Schweinsschnitzelessen ins Wirtshaus. Perfekt gelungene Integration! Man erkennt maximal an den vielleicht für österreichische Verhältnisse zu dunklen Haaren, dass der Mann einmal ein Türke war. Aber bitte: Haare kann man blondieren. Ich muss es wissen, mache ich ja auch regelmäßig.

Fragt man Politiker, was Integration bedeuten soll, so erhält man oft die Antwort: „Das Essenzielle bei Integration ist das Erlernen der deutschen Sprache." Jo eh – und weiter? Ich höre seit mindestens 20 Jahren immer dasselbe: Zuwanderer/Einwanderer/MigrantInnen/AusländerInnen (nennen Sie sie, wie Sie wollen) sollen sich integrieren. Fragt man nach, was diese Menschen dabei genau tun sollen, kommt wieder dieselbe Antwort: „Sie sollen g'fälligst Deutsch lernen!" – Gut, es geht also bei Integration hauptsächlich um die deutsche Sprache. Was aber, wenn diese Zuwanderer/Einwanderer/MigrantInnen/AusländerInnen schon sehr gut Deutsch sprechen, sind sie dann bereits integriert? Ich wette dagegen, denn ich habe das am eigenen Leibe erfahren.

Ich bin in Wien geboren, hier aufgewachsen und spreche Deutsch. Dennoch werde ich nicht als Wienerin gesehen, sondern als Gastarbeiterkind. Stört es mich? Nein! Ganz im Gegenteil. Aber trotzdem würde ich gerne wissen, warum das so ist, dass ich von der – ich nenne sie die Mehrheitsgesellschaft – nicht als Ihresgleichen gesehen werde.

Na klar, mein Name! Was sonst? Wie kann ich denn als Österreicherin wahrgenommen und akzeptiert werden, wenn ich doch Eser Akbaba heiße. Da ist es wieder: das leidige Namensthema. Mich würde wirklich sehr interessieren, ob die deutsche Starmoderatorin Nazan Eckes mit ihrem ursprünglichen Namen, nämlich Nazan Üngör, ebenfalls so eine steile

Karriere gemacht hätte. Vielleicht schon, aber sicherlich mit ein paar zusätzlichen Hindernissen. – Bei mir waren es am Ende meine Eltern, die mich in die Medienbranche gebracht haben. Ganz ohne Vitamin B, das hatte meine Familie schon beim Auswandern nach Österreich aufgebraucht. Es war mein Baba, der jeden Tag in der Früh die Zeitung las. Es war meine Anne, die abends immer die „Zeit im Bild" schaute, während wir Kinder still sein mussten; nicht nur, weil sie unbedingt die Nachrichten sehen wollte, sondern auch, weil es für sie eine Gelegenheit war, zwischendurch etwas Deutsch zu lernen. Und es war der darauffolgende Wetterbericht! All das hat mich offensichtlich geprägt, und nachdem ich schon als kleines Mädchen immer so sein wollte wie Carl M. Belcredi, haben mich meine Wünsche wohl auf den richtigen Pfad gelenkt.

Also, was bedeutet jetzt Integration? Allein das Erlernen der deutschen Sprache kann es ja nicht sein. Aber was eigentlich noch? Sie (die Ausländer/Zuwanderer/MigrantInnen) sollen unsere Werte übernehmen, sich anpassen, lautet die andere Definition von Integration.

In einer Studie mit dem Titel „Migration und Integrationspolitik, Thesen für den Weltgipfel für Soziale Entwicklung der Vereinten Nationen" wird in Bezug auf die Definition des Begriffs der „Integration" folgende Feststellung getroffen:

„Legale und langfristige Einwanderer sollten in die Aufnahmegesellschaft integriert werden. Diese Zielvorstellung wird heute von den meisten europäischen Regierungen geteilt und breiten Mehrheiten der einheimischen Bevölkerung akzeptiert. Es scheint jedoch viel Verwirrung darüber zu geben, was Integration eigentlich bedeutet. Die Integration von Immigranten wird jedoch oft als ein Verlangen interpretiert, dass Einwanderer sich an die herrschenden Normen und Werte jeder Gesellschaft anpassen sollten, die sie aufgenommen hat. Assimilation wird so als notwendiger Preis gesehen, den Einwanderer zahlen müssen, um Integration zu erreichen. Dies ist offensichtlich ein beschränktes Verständnis von Integration, welches für moderne demokratische Gesellschaften und zeitgenössische Migrationsmuster inadäquat geworden ist."[3]

Hm, Werte also … aber was sind die österreichischen Werte? Sonntags in die Kirche gehen? Nächstenliebe? Was versteht man eigentlich unter „Werte"? Ich glaube nicht, dass es jemanden gibt, der das ad hoc beantworten kann.

Ein Rechtsphilosoph vom Juridicum in Wien hat für das Integrationsstaatssekretariat Folgendes verfasst: „Ich respektiere das geordnete Zusammenleben. Für mich gelten dieselben Regeln wie für andere. Ich bin offen für Neues, Fremdes und für die Teilnahme der anderen."[4] Für mich sind das eher Regeln und keine Werte – was meinen Sie?

Unlängst habe ich dazu auch auf meiner Facebook-Seite eine Umfrage gestartet: „Was sind unsere österreichischen Werte? Was versteht ihr darunter – ohne zu googeln?"

Die Antworten waren sehr kontrovers. Angefangen von

---

3 Rainer Bauböck, Klaus Feldmann: Migration und Integrationspolitik, Thesen für den Weltgipfel für soziale Entwicklung der Vereinten Nationen. Kopenhagen 1995, S. 31

4 Christian Stadler: Wertekatalog (http://www.staatsbuergerschaft.gv.at/fileadmin/user_upload/Broschuere/RWR-Fibel.pdf)

„Österreich: Neid und Niedertracht", „Familie, Arbeit, Liebe" über „Mei Bier is net deppat" bis hin zu „Partizipation, Achtung, Respekt, Gleichwertigkeit, Toleranz und Offenheit".

Wenn meinem Vater am Sonntag etwas auf die Nerven ging, dann sagte er plötzlich: „Bitte, Sonntag ist Ruhetag!" Damit war alles hinfällig. Vielleicht gehört das zu den österreichischen Werten.

Ewige Gäste

Ebedi
misafirler

Wir sind uns auch nach 20 Jahren tiefgreifender Integrationsdebatte einig, dass wir es nicht geschafft haben, einen Konsens zu finden. Wenn wir heute über Integration reden, wissen wir eigentlich immer noch nicht, wovon wir genau sprechen. Das Wort „anpassen" zu definieren, ist auch nicht so einfach. Wir sollen uns also anpassen. Aber an wen? Was ist die Norm? Oder sollen sich ÖsterreicherInnen und Nicht-ÖsterreicherInnen aneinander anpassen?

Experten sprechen von „Akkommodation", der berühmte Schweizer Biologe und Begründer der genetischen Epistemologie, Jean Piaget, hat meiner Meinung nach eine treffende Beschreibung dazu:

„Die Akkommodation ist ein Anpassungsprozess. Der Mensch akkommodiert in Situationen, in denen er neue Informationen nicht ohne Probleme verarbeiten und in bestehendes Wissen integrieren kann. Dementsprechend müssen alte Denkstrukturen verändert und umgestaltet werden, um die neuen Informationen aufnehmen zu können.

Bezogen auf Kultur bedeutet dies, das Aneignen von Wissen wie Kommunikations- und Interaktionsregeln der fremden Kultur. Man übernimmt Elemente der Kultur, wie z. B. der Wangenkuss zur Begrüßung oder das Händeschütteln. Die Akkommodation erfüllt demnach eine funktionale Aufgabe zur Anpassung an die Gesellschaft, allerdings unter Beibehaltung eigener in der Sozialisation erworbener Werte und Denkmuster."[5]

Ich meine eigentlich die letzten Worte: „die Beibehaltung der eigenen Werte und Denkmuster", darum geht es doch eigentlich. Nichts gegen Anpassung im positiven Sinne, aber meine eigenen Werte, was auch immer die sein mögen, die möchte ich nicht aufgeben. Denn sonst würde ich meine Identität verlieren.

Ständig erlebe ich ein und dieselbe Situation wieder. Ich war ca. 20 Jahre alt, als mich bei einer Firmenfeier ein älterer Mann gefragt hat, woher ich ursprünglich komme. Sie müssen sich das Szenario folgendermaßen vorstellen: Die 20-jährige Eser mit langen, dunklen und glatten Haaren (wie gesagt, ich bin keine Naturblondine und Locken hatte ich damals schon, nur hab ich sie mühevoll geglättet), es ist Nachmittag, die Feier beginnt, man unterhält sich, und plötzlich werde ich von einem unbekannten, älteren Mann einfach so angesprochen und gefragt, woher ich komme. Ich weiß auch nicht, wie es dazu kam, dass er mir diese Frage stellte, aber wahrscheinlich meinte er es nicht böse. Doch seine Reaktion machte mich stutzig, als ich mit „Wien" antwortete. „Na, Sie haben sicher die österreichische

5   Jean Piaget: Meine Theorie der geistigen Entwicklung, Weinheim, Basel 2016, S. 53

Staatsbürgerschaft, aber eine waschechte Österreicherin sind Sie keine." Damals hatte ich kaum türkischstämmige Freunde. War viel mit „autochthonen" Österreichern zusammen. Aber trotzdem wollten oder konnten sie mich nicht als Ihresgleichen sehen. Warum? Lag es an mir als Mensch, an meinem Äußeren, an meinem Wesen, oder doch nur an meinem Namen? Ich weiß es, ehrlich gesagt, nicht. Ich weiß nur, dass ich bis heute damit zu kämpfen habe.

Ich habe mich selbst eigentlich auch nie als Gastarbeiterkind betrachtet. Wenn ich in den Spiegel schaute, dann sah ich als Kind alles Mögliche: eine Prinzessin, eine Weltreisende, eine Sängerin, eine Hexe (eine gute, wohlgemerkt) und eine Wetteransagerin – aber kein Gastarbeiterkind. Anne und Baba haben sich auch nie mit dem Begriff Gastarbeiter identifiziert, als Arbeiter, ja, als Eltern, als Hausmeister, Näher, Bauarbeiter, als Auswanderer, als Lebenskünstler haben sie sich vielleicht gesehen, aber doch nicht als Gastarbeiter. Sie haben nur erzählt, dass sie damals in den 1970er Jahren wegen der Arbeit nach Österreich gekommen sind. Hier wurden Arbeiter gebraucht, und sie suchten Arbeit. Aber das war's auch schon.

Erst viele Jahre später, als der Begriff „Integration" Spielball der Politik wurde, sagte mein Vater einmal wütend: „Wie lange wollen sie uns noch als Gäste in diesem Land haben?" Er hatte recht mit dieser Frage. Wie lange ist man eigentlich Gast in einem Land? Gäste zahlen keine Steuern, sondern werden eingeladen. Oder nicht? Gäste müssen nicht arbeiten, sondern werden bedient. Gäste müssen für die Gastgeber kleine Klos putzen, Hühner zerstückeln oder tonnenweise Papier verpacken, und dann auch noch so tun, als wären sie keine Gäste, nur um nicht rausgeschmissen zu werden.

In meiner Kindheit und Jugend war es für mich eigentlich klar, dass ich keine „autochthone" Wienerin bin, zumal ich in der Hauptschule fast nur mit anderen Gastarbeiterkindern zusammen war. Aber es hat sich nicht so angefühlt, als wäre ich deshalb anders. Für mich war genau das die österreichische Seele, nämlich dass es hier unterschiedliche Menschen gibt, die sich gegenseitig akzeptieren und die miteinander und manchmal nebeneinander leben können, ohne dass sie sich bekriegen. An vieles aus meiner Jugend, geschweige denn meiner Kindheit, kann ich mich leider kaum erinnern. Aber einige prägende Ereignisse kann man nicht vergessen, wie zum Beispiel das Übersetzen und Ausfüllen von Formularen. Ich habe es damals zwar gehasst, aber im Nachhinein betrachtet hatte ich es später leichter. Formulare habe ich im Nu ausgefüllt und Dolmetschen war immer schon meine Zweitbeschäftigung. Das zieht sich wie ein roter Faden durch dein Leben, ohne dass du es bewusst mitbekommst. Noch heute erledige ich oft Telefonanrufe für meine Eltern, nur weil sie Angst haben, dass sie womöglich nicht richtig verstanden werden oder dass sie selbst etwas nicht richtig verstehen. Mein Gott, was soll's?

Der deutsche Comedian Kaya Yanar erzählt oft in seinen Shows, dass sein Vater nie die deutsche Sprache erlernen konnte, weil er die Grammatik einfach nicht kapiert hat. So ungefähr erging es meinen Eltern, obwohl ich weiß, dass sie es sehr wohl kapiert hätten, sie hatten nur keine Zeit, Deutsch zu lernen und auch keine Chance, weil es keine Kurse gab. Meine Eltern hatten in den letzten Jahrzehnten immer andere Probleme, die wichtiger waren in ihrem Leben. – Ich habe großen Respekt vor ihnen, auch wenn sie nicht oder nicht gut Deutsch sprechen. Sie sind vor über 45 Jahren nach Österreich gekommen, in ein Land, das ihnen völlig fremd war. Sie haben sich hier ein neues Leben aufgebaut und uns Kindern eine gute Grundlage für unser Leben ermöglicht.

Verschiedene Welten

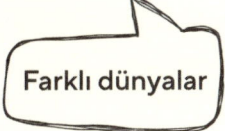

Farklı dünyalar

 as für ein Stress das heute wieder war: Eser war gerade auf dem Weg, Freunde zu treffen. Das Herrichten hatte wieder einmal länger gedauert als gedacht. Aber was sollte sie machen? Diese Haare führten ganz offensichtlich ein Eigeneben. Jahrelang hatte Eser sie wachsen lassen. Sobald sie eine gewisse kritische Länge erreicht hatten, waren sie ganz lockig geworden und alle waren darüber ganz erstaunt. Als Kind hätte sich das niemand träumen lassen, am allerwenigsten Eser selbst, hatte sie doch immer ausgesehen wie Prinz Eisenherz. Marke: selbst gemacht, oder besser gesagt: Mutter-gemacht. Alle drei Wochen erschien Anne mit einer Schere in der Hand im Zimmer der Kinder und schnitt vorne und hinten einfach ab, was ihr zu viel vorgekommen war. Diese Zeiten waren vorbei! „Gott sei Dank", dachte Eser, während sie die Treppe hinuntersauste, immer zwei Stufen auf einmal nehmend. Aus der kleinen, schüchternen Eser war ein junges Mädchen geworden, voller Tatendrang und dem Willen, etwas aus sich zu machen. Nur was? Das war noch nicht gänzlich geklärt, aber Eser würde früher oder später schon etwas einfallen. Davon war sie überzeugt.

Ein letzter Blick noch in den Spiegel, der musste immer sein. Vor allem zu dem kleinen Spiegel im elterlichen Vorzimmer hatte Eser ein besonderes Vertrauen. Als Kind war sie ja immer auf die Kommode geklettert, hatte sich im Schneidersitz davor gesetzt und zu ihm gesprochen. Er hatte zwar nie geantwortet, Eser war aber überzeugt, dass er die Wahrheit gesagt hätte, wenn er denn jemals etwas gesagt hätte. Auch diesmal war Eser zufrieden mit dem, was sie sah, der Spiegel musste also gar nichts sagen. Eser schnappte sich ihre Jacke von der Garderobe – draußen war es längst Herbst und kühl geworden – und schon war sie vor der Tür. Ihre Freundinnen warteten schon längst auf sie, daran war kein Zweifel. Was Eser nicht mehr bemerkte, weil sie es wie immer sehr eilig hatte und deshalb nicht genau genug hinsah, war, dass sich ihr Spiegelbild keine Jacke geschnappt hatte. Dort drüben, hinter dem Spiegel, war es ganz offenbar wärmer als vor dem Spiegel. Und tatsächlich: Während die echte Eser in den grauen Nebel hinausgestürmt war, lachte für ihr Spiegelbild die strahlende Sonne vom Himmel, die Vöglein zwitscherten, Bienchen summten, Blumen blühten – da hoppelte sogar ein weißes Kaninchen über die Straße. Überhaupt war hier alles anders: Es war zwar die Straße vor Esers Haus, nur ohne ein einziges Auto, und gegenüber fehlten sämtliche Wohnhäuser, stattdessen gab es dort nichts als eine grüne Wiese und dahinter ein Wäldchen, auf das das Kaninchen offenbar gerade zuhoppelte.

Eser, und zwar jene auf dieser Seite des Spiegels, kannte all das zwar bereits, lebte sie hier doch schon seit ihrer Geburt, trotzdem war sie jedes Mal aufs Neue erstaunt, wie sonderbar ihr Leben manchmal war. Sie hatte, im Gegensatz zu Eser auf der anderen Seite, schon sehr früh bemerkt, dass der Spiegel im elterlichen Wohnzimmer kein normaler Spiegel war, und deshalb immer schon sehr genau hingesehen. Zuerst waren es nur Kleinigkeiten, die ihr aufgefallen waren: Als Kind hatte sie einmal einen roten Apfel gegessen, ihr Spiegelbild aber einen gelblich-grünen. Ein anderes Mal, als sie gerade nach einem heißen Sommertag nach Hause gekommen war, hatte sie im Vorbeigehen bemerkt, dass ihr Spiegelbild offenbar in einen Regenschauer geraten war, obwohl es gar nicht geregnet hatte. So war ihr nach und nach bewusst geworden, dass der Spiegel über der Kommode ein ganz besonderer Spiegel war.

Eser erschien es manchmal, als wäre sie in ein Märchen geraten, so sonderbar kam ihr ihre Welt vor. „Eigentlich müsste auch über mich eines Tages ein Buch geschrieben werden, ja, das müsste es wirklich", dachte sie, „und irgendwann werde auch ich eins schreiben." Bis dahin aber hatte sie noch andere Dinge zu erledigen, immerhin hatte sie einen Termin ausgemacht und war jetzt schon zu spät dran.

Im Laufschritt machte sie sich auf den Weg in Richtung des Wäldchens, in dem das weiße Kaninchen gerade verschwunden war; nicht wegen des Kaninchens – mit dem war selten etwas anzufangen, war es doch immer furchtbar gestresst –, sondern weil sie einen ganz neuen Bekannten wiedersehen wollte, den sie erst kürzlich aus purem Zufall getroffen und der sie aus dem wildesten Schlamassel gerettet hatte. Eser hatte damals wieder einmal eine Kleinigkeit zwischendurch gegessen; einem Stück Kuchen oder einem Konfekt konnte sie einfach nie widerstehen, obwohl sie mittlerweile wusste, dass sie das tun sollte. Erstens, weil Anne es verboten hatte, zweitens, weil man ohnehin nichts essen sollte, das man irgendwo findet, und drittens, weil immer Seltsames passierte, wenn sie etwas zwischendurch aß. Letztes Mal war es ein Bissen Bananenbrot, den sie im Haus des Kaninchens entdeckt hatte, während sie dort einen Fächer und ein Paar Glacéhandschuhe suchte (das Kaninchen selbst hatte sie darum gebeten). Sie wuchs daraufhin derart, dass sie fast das gesamte Haus gesprengt hätte. Als sie dann noch ein Stück aß, schrumpfte sie derart, dass sie fast von einem Hundewelpen zertrampelt worden wäre. Und in all dem Trubel traf Eser damals zufällig auf ihren Retter in der Not. Auf der Flucht vor dem neugierigen Hundewelpen stieß sie im Unterholz auf einen großen Pilz, *ungefähr so groß wie sie selbst; und als sie ihn von unten, von hinten und von beiden Seiten betrachtet hatte, fiel ihr ein, dass sie ebenso gut einmal nachsehen könnte, was obendrauf war.*

Sie stellte sich auf die Zehenspitzen und spähte über den Rand, und alsbald traf ihr Blick den einer großen blauen Raupe, die mit verschränkten Armen dort oben saß und ruhig aus einer langen Wasserpfeife schmauchte.

Es stellte sich heraus, dass die Raupe ein recht schwieriger Zeitgenosse war, im Gespräch meist einsilbig und kurz angebunden, aber am Ende dann doch hilfreich, denn wie sich herausstellte, sollte der Pilz, auf dem die Raupe saß, Eser wieder zu ihrer normalen Größe verhelfen. Den Namen der Raupe hatte sie damals leider nicht erfahren, das wollte sie jetzt nachholen. Was sie dabei nicht bedacht hatte, war, wie schwierig es sein würde, einen kleinen, angeknabberten Pilz mit einer Raupe darauf wiederzufinden, wenn man so groß war, wie sie jetzt gerade, und wie gefährlich das für die kleine Raupe werden könnte. – Zum Glück hatte Eser noch ein winziges Stück Kuchen in der Hosentasche.

Ich bin ein echtes Integrationsvorzeigegastarbeiterkind. Das ist gar nicht überheblich gemeint, sondern Fakt. Das bin ich ganz offiziell. 2004 habe ich begonnen, beim Österreichischen Integrationsfonds (ÖIF) gemeinsam mit einer Kollegin, ebenfalls ein Integrationsvorzeigegastarbeiterkind, Deutschkurse für sogenannte Integrationsanfänger zu zertifizieren. Damals war es mir noch nicht so bewusst, aber allein der zu dieser Zeit gängige Begriff „Integrationsanfänger" zeigt schon, wie einseitig das Thema verstanden wurde: Damit waren damals schlicht geflüchtete Menschen gemeint, die gerade nach Österreich gekommen waren und Asylanträge gestellt hatten.

Wir kontrollierten damals, ob die verschiedenen Deutschkurse, die mittlerweile endlich angeboten wurden, auch den vorgegebenen Kriterien entsprachen, beziehungsweise ob die Institute, die diese Deutschkurse anboten, diese auch wirklich abhalten durften. Also zum Beispiel, ob die Deutschlehrerinnen und -lehrer dort auch genug Unterrichtserfahrung haben, und so weiter. Meine einzige Qualifikation dafür war, ein Vorzeigegastarbeiterkind zu sein, sprich eine „Fortgeschrittene" (böse

Zungen würden sagen: eine Assimilierte) im Gegensatz zu den Anfängern. Natürlich hatte ich in diesem Bereich tatsächlich schon viel an Erfahrungen gesammelt, vor allem eigene. Wir waren damals nur für bereits anerkannte Flüchtlinge – also für Asylberechtigte – zuständig, nur für sie wurden in den Integrationswohnheimen des ÖIF Deutschkurse angeboten.

Mehr als zwei Jahre habe ich beim ÖIF gearbeitet und in dieser Zeit auch mein Studium an der Uni abgeschlossen. Es war dann aber naheliegend, dass ich nicht mehr in der Zertifizierungsstelle bleiben wollte, weil ich mich nach dem Studium auch beruflich weiterentwickeln wollte, und deshalb fragte ich meinen Chef damals nach einem Job in der Öffentlichkeitsarbeit. „Können Sie so gut Deutsch?", war seine Antwort. Ich war in diesem Augenblick so perplex, dass es mir die Sprache verschlug – und das ganz sicher nicht wegen mangelnder Sprachkenntnisse. Ab diesem Zeitpunkt war mir klar, dass ich mich auf die Suche nach einem anderen Job machen musste. Im August 2006 beendeten wir meinen Dienstvertrag „einvernehmlich". Aber wie heißt es so schön: Man sieht sich im Leben immer zweimal.

Wendepunkt

Durch meinen Diplomarbeitsbetreuer an der Uni – ich habe zum Thema
„Migranten in den Medien – Jugendliche der zweiten Generation" geschrieben – bin ich auf eine Organisation namens SEEMO (South East Europe Media Organisation) gestoßen, eine

Dönüm noktası

124

Medienorganisation, die im IPI (International Press Institute) angesiedelt ist.

SEEMO beschäftigt sich mit Medienbeobachtung in Südosteuropa. Ich habe nach dem ÖIF also dort angeheuert und Media Reports erstellt, war für die Korrespondenz mit den Medien in Südosteuropa zuständig und verfasste Protestbriefe bei Verletzungen der Meinungs- und Pressefreiheit. Zudem brachten wir das jährliche „SEEMO Media Handbook" heraus, worin seit 2004 die Medienlage und -landschaft in Südost- und Zentraleuropa beschrieben wird.

Eine meiner Kolleginnen dort war Ivana, wie sie am Namen schon erkennen können, ebenfalls eine Frau mit Migrationshintergrund. Wir waren beide noch recht jung damals, haben aber schon internationale Konferenzen organisiert, unter anderem in Opatja und Zagreb. Das war ein herausfordernder Job, der uns aber auch viel Spaß machte, weil er uns sinnvoll erschien.

Eines Tages kam Ivana auf mich zu und fragte mich, ob ich nicht Lust hätte, bei einem Zeitungsmagazin mitzumachen, das von Migrantinnen und Jugendlichen handelt. Das war der Wendepunkt in meinem beruflichen Leben. Ich wusste ja nicht, was alles auf mich zukommen würde, aber selbst in den Medien zu arbeiten und sie nicht nur zu beobachten, hat mich immer schon interessiert. Ich bin ja nicht umsonst jahrelang als Kind vor einem Spiegel gesessen und hab mir selbst die Wetterberichte vorgetragen und ganze Samstagabend-Shows moderiert, gesungen und getanzt. Außerdem war zu der Zeit gerade eine gewisse Antonia Rados mein großes Vorbild, die für mich damals coolste Socke von hier bis nach Doğu Anadolu.

Ivana studierte zu dieser Zeit wie ich noch Publizistik neben der Arbeit. Auf der Uni entdeckte sie einen Aushang, wo Leute gesucht wurden, die sich für Themen wie Sport, Politik, Gesellschaft, Mode und so weiter interessieren und am besten auch BKS (Bosnisch, Kroatisch, Serbisch) oder Türkisch und Deutsch konnten. Absender war der Kurier-Redakteur Simon Kravagna. Irgendwie hat das für mich alles nicht zusammengepasst: Türkisch, Mode und Kurier? Ich schrieb trotzdem eine Bewerbung, und ein paar Tage später saß ich zum ersten Mal in einer richtigen Redaktionssitzung.

Dort wurden alle möglichen Themen für die neue Ausgabe besprochen, wer welche Bereiche übernehmen und wie das Magazin heißen könnte. „Biber" ist es geworden: „biber" bedeutet sowohl im Türkischen als auch in BKS dasselbe, nämlich „Pfeffer" beziehungsweise „Paprikaschote". Der Beiname „mit scharf" ist – ich gebe es stolz zu – auf Ivanas und meinem Mist gewachsen. Ivana sollte den redaktionellen Part übernehmen und ich das Marketing.

Wenn du Jahre später immer noch mit erfreuten Blicken konfrontiert bist, wenn du das Wort „biber Magazin" fallen lässt, dann weißt du, dass du etwas richtig gemacht hast. Dass dieses Projekt eine Herzensangelegenheit für uns war, brauche ich nicht zu erwähnen. Die Bezahlung war mies, aber das war mir egal! Ich hatte endlich das gefunden, was ich wirklich wollte und mir nie zu erträumen gewagt hätte – außer als kleines Mädchen vor dem Spiegel im Vorzimmer.

Wir setzten damals wirklich einen Grundstein für Integration in Österreich. Wir rollten das Thema in dem Magazin einmal von ganz anderen Seiten neu auf. Wir berichteten über junge Leute mit Migrationshintergrund, beleuchteten ihr Leben, erzählten von ihren Problemen und Wünschen. Wir waren plötzlich der Medienkatalysator für Integration. Unsere Geschichten wurden von Mainstream-Medien übernommen und plötzlich war „biber" ein nicht mehr wegzudenkendes Element in der österreichischen Medienlandschaft – und ist es heute noch. Wir hatten es oft lustig, aber gestritten wurde auch sehr viel. Auch zwischen Ivana und mir gab es oft Zankereien. Wenn zwei Temperamentbündel aufeinandertreffen, kann es manchmal ziemlich laut werden. Aber das gehörte dazu, denn schließlich arbeiteten wir fast jeden Tag in einem kleinen Raum zusammen.

Anfangs hatten wir kein Geld und konnten uns somit keine Putzfrau leisten. Daher hat jeder von uns einmal die Woche das Büro geputzt und aufgewischt. Wir machten zu Beginn alles selbst. Vom Putzen über das Einkaufen bis hin zum Verschnüren der fertigen „biber"-Hefte. Ein Problem war das für uns nicht wirklich, denn „von nichts kommt nichts" – so lautete unsere Devise.

All das hat sich im Endeffekt ausgezahlt. Uns standen Tür und Tor offen. Wir waren auf den Österreichischen Medientagen vertreten, wurden zu diversen Podiumsdiskussionen eingeladen und Ivana erhielt schließlich für ihre Berichte über Istanbul den „Publizistikpreis für interkulturellen Dialog". Wir waren alle stolz! – Aber eine Frage bleibt bis heute offen: Was hast du mit dem Preisgeld angestellt, Ivana?

Ich habe in diesen fast vier Jahren vieles gelernt. Am meisten darüber, was mich selbst eigentlich ausmacht. Ich habe gelernt, stolz darauf zu sein, dass ich ein Gastarbeiterkind bin. Bis zur Gründung von „biber" sind MigrantInnen/AusländerInnen/ GastarbeiterInnen in den Medien fast nie in einem positiven Licht in der Öffentlichkeit erschienen. Viele „autochthone" Österreicherinnen und Österreicher kannten die Lebensweisen, Interessen und Sorgen ihrer Mitmenschen gar nicht. Es waren alltägliche Geschichten, wie zum Beispiel die zweite Coverstory im „biber Magazin", „Die Marken, die wir lieben", in der es darum ging, dass wir (mit „wir" meine ich immer die „neuen ÖsterreicherInnen" bzw. die „Gastarbeiterkinder") viel Geld für Luxus-Artikel wie Marken-Sneakers oder teure Jeans und Ähnliches ausgeben und damit einen beachtlichen Teil zur österreichischen Wirtschaft beitragen.

Was es bedeutet, eine gute Netzwerkerin zu sein, ist mir erst viel später bewusst geworden. Ich nahm gemeinsam mit meinem Chef damals alle wichtigen Marketingtermine wahr. Zusammen gingen wir zum Bürgermeister der Stadt Wien, zu verschiedenen Ministerien und Firmenchefs und sprachen über mögliche Kooperationen. Teilweise war es schon ein harter Brocken, und Stress innerhalb des Teams gab es natürlich auch, aber wir feierten auch unsere legendären Partys, wo dann später auch diverse Politiker und andere wichtige Leute ein- und ausgingen. Rückblickend kann ich sagen: „Es war scho a geile Zeit!"

Entdeckung

Im März 2009 wurde ich vom „Frauennetzwerk Medien" zu einer Podiumsdiskussion zum Thema „Frauen mit Migrationshintergrund in den Medien" eingeladen. Mit mir auf dem Podium saß unter anderem die damalige Chefin des Chronik-Ressorts der Zeit im Bild, Brigitte Handlos. Sie kam nach der Veranstaltung auf mich zu und fragte mich, ob ich beim ORF als Moderatorin arbeiten wolle. „Ist das eine Scherz?", war mein erster Gedanke, und ich schaute sie wohl mit großen Augen an und sagte: „Wer nicht?!"

Diese Szene müssen Sie sich sehr emotional vorstellen, wie zum Beispiel in einer brasilianischen oder türkischen Soap-Opera. Ich dachte mir in diesem Moment: „Meint sie es wirklich ernst? Denn zu Späßen bin ich jetzt wirklich nicht aufgelegt!" Innerlich war ich völlig hysterisch, damit hatte ich ja nicht gerechnet: Wurde ich gerade gefragt, ob ich zum ORF will, dem wichtigsten und größten Medienkonzern des Landes, um dort zu moderieren? Ja, sie meinte es tatsächlich ernst, und so wurden Visitenkarten ausgetauscht, und nach zirka zwei Wochen kam dann der Anruf vom Landesstudio Wien.

Gedanken wie „Warum sollen sie denn ausgerechnet mich nehmen?", „Aber was ist, wenn sie es doch nicht ernst meint?", „Geht jetzt mein Traum in Erfüllung?" oder „Oh mein Gott, was wird meine Familie sagen, was meine Freunde?" gingen durch meinen Kopf. Fragen über Fragen – und wieder müssen Sie sich dieses Szenario wie in einer Soap-Opera vorstellen – Drama und Emotion pur!

Keşif

Es ging alles relativ schnell. Genau an meinem 30. Geburtstag, am 11. Mai 2009, hatte ich ein Vorstellungsgespräch und sah dabei erbärmlich aus: Mein Frisörtermin war erst am Nachmittag, mein Ansatz sicher zehn Zentimeter breit und Sie können sich anhand meiner Frisur vorstellen, wie wichtig mir meine Haare waren und immer noch sind. Normalerweise sollte man an seinem Geburtstag keinen Stress haben, bei mir war natürlich alles umgekehrt. Ich hatte Stress pur! Jedenfalls hatte ich keine Zeit dazu, mich hübsch zu machen. Ich dachte mir, es ist ja ohnehin nur ein Kennenlerngespräch, und ich wollte auch nicht zu aufgetakelt dort erscheinen und einen seriösen Eindruck hinterlassen.

Angekommen im Büro der Landesdirektorin entschuldigte ich mich natürlich für mein sehr legeres Aussehen. Wir gingen zusammen ins „Wien Heute"-Studio, dort wurde ich gebeten, mich vor die Kamera zu setzen und einen Text vorzulesen. Ich sprach den Text möglichst fehlerfrei. Fazit: Ich brauchte ein Sprechtraining. Im Nachhinein erfuhr ich, dass sie damals jemanden für die Moderation von „Wien Heute" gesucht haben, da ein langjähriger Moderator seinen Job wechseln wollte. – Für den Job als Wien-Heute-News-Anchor hat es leider nicht gereicht, da ich weder Kamera- noch Sprecherfahrung noch Nachrichten-Erfahrungen hatte, aber ich wurde gefragt, ob ich nicht gerne das Wien-Wetter moderieren möchte.

YES! Ich wollte!

Tatkräftige Maus

Ich setzte mich damals anscheinend selbst
so derart unter Druck, dass ich kurz darauf
Akne bekam. Mein damaliger Hautarzt meinte, dass ich „Er-
wachsenen-Akne" hätte, aber ich solle mir keine Sorgen machen, „das bekommen wir schon hin, Sie müssen nur meine
Therapieanweisung befolgen". – Hat zum Glück funktioniert.

Azimli Fare

Am 27. 10. 2009 war es dann also so weit. Meine erste Sendung!
In halb-zerrissenen Jeans und einem schwarzen Sakko stellte
ich mich vor die Kamera, ein Outfit, das im Nachhinein für Gesprächsstoff sorgte. Das war mir davor natürlich nicht klar: Ich
wollte modern und stylish rüberkommen und so war es auch.
Allerdings gingen darauf einige Zuschriften und Anrufe beim
ORF ein, von Menschen, die sich beschwerten, dass ich zerris-
sene Jeans trug, und die fragten, warum überhaupt jemand moderieren darf, der Eser Akbaba heißt.

„Haben's ka Österreicherin für diesen Job gefunden?", „Die
hat so viele Haare und einen komischen Namen", „Wer weiß,
durch wen die den Job bekommen hat", waren die Reaktionen
im Jahr 2009. Ich wurde Moderatorin, weil man „andere Gesichter" vor die Kamera holen wollte. Und noch dazu sollte es
eines sein, das Migrationshintergrund hat. – Et voilà, da war ich
auch schon.

„Durch wen hast du den Job bekommen?", fragte mich damals ein Kollege. Ich verstand die Frage nicht und antwortete
einfach mit: „Ich wurde entdeckt!" – Ich glaube, er wusste nicht,
was ich damit meine, aber so war es nun einmal wirklich.

Einfach war es natürlich nicht, aber im Türkischen gibt es das Sprichwort „Azimli sıçan duvarı deler", das wortwörtlich übersetzt heißt: „Eine tatkräftige Maus durchbohrt Wände." Trotzdem verletzte es mich damals, solche Sachen zu hören. Und schon begann ich wieder darüber nachzudenken, was es bedeutet, „keine von ihnen" zu sein. Bei Sportlerinnen und Sportlern ist es etwas anders: Ivica Vastić war nicht „der Kroate", sondern der tolle Fußballer. Auch Mirna Jukić ist nicht „die Kroatin", sondern die Schwimmerin. Oder der Fußballer von Juventus Turin, Emre Can, ist auch nicht „der Türke", sondern einfach ein sehr guter Mittelfeldspieler. Warum also war die Herkunft ausgerechnet bei mir ein so großes Thema bei vielen Zuschauerinnen und Zuschauern? Ich glaube, weil Moderatorinnen und Moderatoren gefühlt nichts zurückgeben. – Mirna Jukić wird als Schwimmerin verehrt, weil sie gewinnt, Ivica Vastić wird als Fußballer akzeptiert, weil er Tore schießt und damit das Ansehen Österreichs steigert. Wären die beiden in dem, was sie tun, nicht so erfolgreich, oder würden sie ganz etwas anderes machen, wie eben nur das Wetter nach Wien Heute moderieren, würde auch bei ihnen die Frage aufkommen, warum das kein Österreicher machen könne.

Ich kann mich noch genau an eine Publikumsführung im Landesstudio erinnern, wo ich gemeinsam mit anderen Moderationskollegen und einigen Besuchern im Studio stand. Es waren zum Großteil ältere Menschen, denen wir unseren Arbeitsplatz zeigten. Eine Dame mit hochgesteckter Frisur beobachtete mich einige Zeit und kam anschließend zu mir, um mich zu fragen, woher ich eigentlich komme. Schon wieder! Während sie mir diese Frage stellte, musterte sie mich von oben bis unten. Ich grinste sie an und sagte: „Aus der Türkei!" Schneller konnte ich gar nicht schauen, schon war die gnädige Frau wieder in der Gruppe verschwunden. Ich musste nur lachen, obwohl ich eigentlich weinen wollte.

Schlechtes Türkisch

Neben meinem neuen, aufregenden Moderationsjob beim ORF arbeitete ich auch weiter beim „biber" und ab 2010 engagierte

Türkçesi kötü

ich mich dann auch beim Verein „Wirtschaft für Integration". Ich kenne diesen Verein schon seit seiner Entstehung, weil ich ihn von Anfang an interessant fand, und genau wie „biber" hat auch der „Verein Wirtschaft für Integration" einen erheblichen Teil zum Thema Integration in Österreich beigetragen. Eines der Erfolgsprojekte, „Sag's multi", kennen Sie vielleicht. Schülerinnen und Schüler aus ganz Österreich nehmen an einem mehrsprachigen Redewettbewerb teil. Zu einem bestimmten Thema werden Reden, sowohl in der Muttersprache als auch auf Deutsch, verfasst und vor einer Jury vorgetragen. Verlierer gibt es dabei keine, aber die GewinnerInnen erhalten zum Schluss eine Urkunde und als Hauptpreis eine Reise in eine europäische Stadt. Meiner Meinung nach ein sehr wichtiges und tolles Projekt.

Da komme ich auch gleich zum nächsten wichtigen Meilenstein, bei dem die Muttersprache (in meinem Fall Zazaisch bzw.

Türkisch) eine wesentliche Rolle spielt: 2011 wurde der damals 24-jährige Sebastian Kurz Staatssekretär für Integration. Ein paar Monate später entstand das Projekt „Zusammen:Österreich", initiiert vom ÖIF, dem Österreichischen Integrationsfond, bei dem ich ja früher gearbeitet hatte. Im Zuge dieser Initiative wurden die sogenannten „IntegrationsbotschafterInnen" eingeführt: „Erfolgreiche Menschen mit Migrationshintergrund besuchen seit 2011 Schulen und Vereine und fungieren als Vorbilder für Kinder und Jugendliche", heißt es auf der Homepage von „Zusammen:Österreich".[6] So kreuzten sich meine Wege mit dem ÖIF zum zweiten Mal. Weil ich mittlerweile schon im Fernsehen zu sehen war, die Leute beim ÖIF mich kannten und ich durch den Verein „Wirtschaft für Integration" Menschen wie den ehemaligen Raiffeisen-General Christian Konrad kannte, der später aufgrund seines großen sozialen Engagements Flüchtlingskoordinator der damaligen Bundesregierung werden sollte, wurde aus dem Integrationsvorzeigegastarbeiterkind Eser Akbaba eine waschechte Integrationsbotschafterin der Republik Österreich.

Ich war von Anfang an deshalb dabei, weil ich der Meinung war, dass ich durch diese Plattform meine persönliche Geschichte weitererzählen kann. Ob ich mich als Vorbild sehe oder nicht, sei dahingestellt. Mir war es von Beginn an wichtig, die Nachgeneration zu motivieren. Zu meiner Zeit gab es solche Projekte leider nicht. Ich wollte einfach die Message verbreiten: „Ich habe es geschafft und du kannst es auch."

---

6 http://www.zusammen-oesterreich.at/

Im Oktober 2011 fand in Neunkirchen in Niederösterreich der erste Schulbesuch statt. Gemeinsam mit dem damaligen Staatssekretär für Integration gingen wir in die Landesberufsschule. Es war ein herzlicher Empfang, wo uns vom Schulleiter gezeigt wurde, was in der Schule angeboten wird. Danach ging es in einen Saal, wo sich viele Schülerinnen und Schüler versammelten, um unsere Geschichten zu hören. Zunächst gab es eine kurze Rede von Staatssekretär Kurz und dann wurden wir vorgestellt. Ich war natürlich sehr aufgeregt, da ich zum ersten Mal meine persönliche Geschichte vor so jungem Publikum erzählte. Bildung war mein Thema: Ich erzählte ihnen, dass meine Mutter Analphabetin ist und dass meine Eltern immer darauf gepocht haben, dass meine Geschwister und ich eine gute (Aus-)Bildung haben. Zumindest die Matura musste es sein. Fragen von Schülerinnen und Schülern wie „Wie sind Sie zum ORF gekommen?" oder „Wie viel verdienen Sie?" wurden beantwortet, und so endete die Auftaktveranstaltung des Projekts. Viel Gegenwind gab es dazu von ein paar Medien: „Alles Augenauswischerei", „Scheindebatte". Und auch von Freunden und Bekannten, die das Gefühl hatten, ich würde mich dem „Feind" anbiedern: „Warum machst du überhaupt mit?" Mir war das egal, ich habe diese Plattform genützt, weil es meiner Meinung nach eine gute Basis war für positive Geschichten rund um die Themen „Integration/Migration".

Ich persönlich war von der Idee der IntegrationsbotschafterInnen wirklich begeistert und ich bin es noch. Deshalb habe ich ja auch mitgemacht, um den jüngeren Menschen da draußen meine Geschichte zu erzählen, um sie gegebenenfalls ermutigen zu können. Von Sebastian Kurz, der sich damals als

Integrationsstaatssekretär gerne mit Vorzeige-Migrantinnen und Migranten gezeigt hat, waren viele in der Community ganz begeistert, ich auch. – Er wirkte auf mich wie ein dynamischer, aufgeschlossener und interessierter Jung-Politiker, der wirklich etwas verändern wollte.

Guter Weg

Eine Zeit lang hatte ich das Gefühl, Österreich sei in Sachen Integration auf einem guten Weg.
So viele vielversprechende, neue Projekte hatten gerade gestartet. Nach Jahrzehnten des Stillstandes, der meinen Eltern so zu schaffen gemacht hatte, wurde das Thema jetzt erstmals richtig ernsthaft angegangen. Es hatte ja zuvor auch nie einen Integrationsstaatssekretär gegeben, Sebastian Kurz war der erste. Das musste doch etwas bedeuten!

Im selben Jahr startete der ORF in Wien in Kooperation mit dem Wiener Community-Sender Okto auch das Projekt „Wien Heute – Haber Magazin". Einmal pro Woche wurde dieses „Best of Wien Heute" auf Türkisch mit deutscher Untertitelung gesendet. Ursprünglich hätte das Projekt gemeinsam mit dem türkischen Staatsfernsehen TRT (dem türkischen Pendant zum ORF) beginnen sollen. Ich hatte dafür sogar zwei Monate lang Sprechtraining auf Türkisch bekommen, aber die Kooperation scheiterte.

Der Grund für dieses Projekt war, dass sich bei einer Untersuchung der Seherschichten mit Migrationshintergrund herausgestellt hatte, dass diese nur selten ORF schauen, beziehungsweise mit deutschsprachigen Nachrichten nur schwer erreicht werden können. Die Landesdirektorin Wolf meinte damals bei der Pressekonferenz: „Wenn sie nicht zu uns kommen, kommen wir eben zu ihnen." Was für eine tolle, wichtige und richtige Aktion!

Zum Moderieren war mein Türkisch natürlich nicht geeignet. Wie denn auch? Es ist zwar meine zweite Muttersprache, aber ich habe ich die Sprache nie richtig, also mit all ihren Grammatikregeln, gelernt. Dementsprechend negativ waren auch die Stimmen aus der Community, aber das war mir egal. Verstanden haben sie ja, was ich da gesagt habe, und was soll Schlimmeres passieren, als wenn jemand gebrochen Türkisch spricht. Viele, die sich damals aufregten, sprachen selbst nur gebrochen Deutsch. Insofern waren wir ja quitt.

Zwei Jahre lang flimmerte „Wien Heute – Haber Magazin" jeden Freitag über den Bildschirm. Ein Meilenstein in der österreichischen Fernsehgeschichte. Und ja, ich war sehr stolz, auch weil wir 2012 den „MiA (Migrantinnen) Award" als Anerkennungspreis für die Sendung erhielten.

Das war alles vor 2015, vor „Wir schaffen das!" und bevor binnen weniger Tage so viele Menschen über Serbien und Ungarn nach Österreich gekommen sind; oder besser *durch* Österreich, die meisten gingen ja weiter nach Deutschland. Danach konnte man nicht mehr offen über Flucht, Asyl, Migration und Integration reden, zumindest nicht mehr so wie davor. Mir kommt vor, als hätte die Politik – nicht die Gesellschaft – 2015 einen imaginären Reset-Knopf gedrückt und alles, was wir davor schon erreicht hatten, wurde gelöscht.

Ich erinnere mich gut an meine aktive Zeit als sogenannte

Integrationsbotschafterin, an die vielen Gespräche mit Jugendlichen und Kindern, aber auch mit LehrerInnen und Eltern. Damals war alles irgendwie konstruktiv, aus meiner Sicht herrschte eine gewisse Aufbruchsstimmung, und ich muss sagen, die ging damals auch sehr stark von Integrationsstaatssekretär Sebastian Kurz aus. Er diskutierte öffentlich mit muslimischen Frauen, sagte ihnen, sie sollen sich wegen ihres Kopftuches nicht schämen. Er setzte Initiativen, um Fremden- und Ausländerhass entgegenzutreten und um das Ausländerthema endlich auch wieder mit positiven Assoziationen zu besetzen. Die Mehrsprachigkeit war plötzlich etwas Gutes, muslimische Mädchen und Burschen wurden bestärkt, ihren Glauben auch wirklich zu leben. Von einem „Islam österreichischer Prägung" war die Rede. Es wurden Veranstaltungen organisiert, bei denen man sich kennenlernen, austauschen und vernetzen konnte. Ganze Kampagnen wurden gestartet, um das Bild von Migrantinnen und Migranten in der Öffentlichkeit und das Zusammenleben in Österreich zu verbessern. Und es hat sogar gewirkt. Da versuchte wirklich einer, etwas zum Besseren zu verändern – bis 2015.

Schlechter Weg

2015 war zuerst ja noch alles schön und gut, das Ganze fing mit einer eigentlich sehr positiven Stimmung an. Ich war damals richtig stolz darauf, Österreicherin zu sein. Tausende waren auf den Bahnhöfen, kümmerten sich um die vielen geflüchteten Menschen, die da angekommen waren und dann, wie gesagt, meistens nach Deutschland wei-

Kötü yol

terreisten. Kleider, Nahrungsmittel und Spielzeug wurden gesammelt für die, die hierbleiben wollten oder mussten.

Und dann kippte die Stimmung: Fake-News wurden verbreitet, darüber, dass Flüchtlinge iPhones geschenkt bekommen, dass sie in Wien ohne Wartezeit Gemeindewohnungen bekommen würden und darüber, das Flüchtlinge in verschiedenen Freibädern österreichische Mädchen belästigen und vergewaltigen würden und so weiter. Eine richtige Hysterie brach damals aus. Vernünftige Gespräche ohne Emotionen waren gar nicht mehr möglich. Auch bei mir selbst nicht, muss ich zugeben. Schreckliche Bilder wurden gezeigt, von einem heillos überfüllten Erstaufnahmezentrum in Traiskirchen in Niederösterreich etwa. Nach dem Motto: „Seht her, wie überlaufen wir sind, welch grauenhafte Zustände in Österreich herrschen."

Auch Sebastian Kurz hat wenig später einen ganz anderen Kurs in seiner Integrationspolitik eingeschlagen, als Integrationsbotschafterin hatte ich plötzlich nichts mehr zu tun, oder zumindest deutlich weniger als zuvor. Dabei wäre es ja jetzt umso wichtiger gewesen! Viele Freunde und Bekannte fragten mich damals, warum ich denn immer noch Teil dieses „Scheinprojekts" sei. – Aber so habe ich das nie empfunden, bis heute nicht. Dieses Projekt war und ist gut. Es ist eines der wenigen Projekte in diesem Bereich, bei dem es wirklich um die Sache selbst geht, davon bin ich noch immer überzeugt.

Ich wollte einfach das, was meine Eltern erlebt haben, erzählen, und wenn man mich heute fragen würde, ob ich wieder Teil davon sein möchte, würde ich ganz klar Ja sagen. Das bedeutet noch lange nicht, dass ich einer Partei meine Seele verkauft hätte. Ich engagiere mich gerne bei Projekten, die etwas Positives zum gesellschaftlichen Zusammenleben beitragen und die nicht spalten.

Nach dem Regierungswechsel 2017, als Sebastian Kurz Bundeskanzler wurde und mit der FPÖ eine Koalition gebildet hatte, fragten mich vor allem Journalistenkolleginnen und -kollegen oft, was aus dem Projekt „Zusammen:Österreich" geworden sei, was aus mir als Integrationsbotschafterin und den Integrationsbemühungen von damals im Allgemeinen. – Ehrlich gesagt, ich bin mir bis heute nicht sicher. Nichts und dann doch wieder etwas. Natürlich haben diese Aufbruchsjahre von damals Spuren hinterlassen, die bis heute nachwirken. Und sei es nur, dass es ein paar mehr selbstbewusste, junge Menschen mit Migrationshintergrund in Österreich gibt, die stolz darauf sind, zwei Muttersprachen zu haben und die ihr Anderssein als Vorteil sehen und nicht als Nachteil. Aber das Projekt an sich ist eingeschlafen oder tot: Es hieß damals, die Integrationsagenden hätte jetzt das zu dieser Zeit FPÖ-geführte Außenministerium inne. Seit damals haben weder ich noch andere Integrationsbotschafterinnen, zu denen ich Kontakt habe, irgendetwas darüber gehört.

Ich wünsche mir die Zeit, in der das Thema Integration von Politik und Gesellschaft wirklich ernsthaft angegangen wurde, jedenfalls sehr zurück. Wir müssen uns doch weiterhin mit diesem Thema beschäftigen, denn so, wie es aussieht – sei es wegen Antisemitismus, der uns immer wieder einholt, oder auch wegen zunehmendem Hass gegenüber Muslimen – müssen wir in diesem Bereich noch intensiver aktiv sein, um weiter gegen Xenophobie, Antisemitismus, Homophobie etc. standhalten zu können. Wir müssen dranbleiben und dürfen auf keinen Fall dabei zusehen, wie das Sprechen bestimmter Sprachen wieder verboten, wie die Ausübung von Religionen in irgendwelche Kellerräume und Hinterhöfe verdrängt wird und Menschen gezwungen werden, bestimmte Kleidungsstücke zu tragen oder nicht mehr zu tragen. (Und ich meine hier nicht meine zerrissenen Jeans im Fernsehen.)

Glück im Unglück

Şanssızlıkta ki şans

Nachdem bekannt wurde, dass die Wettersendung, die nach „Wien Heute" auf ORF 2 läuft, immer öfter aus dem Off präsentiert werden sollte, sprich ohne Moderation, fasste ich irgendwann meinen Mut zusammen und stellte mich beim damaligen Programmleiter des ORF vor. Er notierte sich alles, was ich so von mir gab und meinte, dass er sich melden würde. Das war Anfang 2013. Ohne zu wissen, dass ORF 1 zu dieser Zeit ein neues TV-Magazin starten würde, war ich anscheinend zur richtigen Zeit am richtigen Ort. Denn Anfang Februar, als ich schon nicht mehr wusste, wie es mit meiner ORF-Karriere weitergehen sollte, bekam ich einen Anruf: „Wir können uns gut vorstellen, dass Sie das Wetter auf ORF 1 moderieren, gleich nach dem ZIB-Magazin." WOW! Besser hätte es nicht kommen können. Jetzt also nicht mehr nur in Wien, sondern in ganz Österreich!

Ende Februar war ich dann Teil der ORF-Wetterredaktion am Küniglberg, Teil jener Redaktion, die Carl M. Belcredi gemeinsam mit Leopold Kletter 1980 gegründet hatte. Was für eine Ehre, dachte ich mir, ich arbeite da, wo mein Kindheitsidol aus dem Fernsehen früher gearbeitet hat, und teile mir das Büro mit Leuten wie Christa Kummer, Marcus Wadsak oder Manfred Bauer, die ich sonst selbst nur aus dem TV kenne. Das alles ist schon sehr cool für mich!

Ich habe in den letzten Jahren so viel gelernt, über Meteorologie, über Dramaturgie, also wie man die zum Teil doch sehr wissenschaftlichen Wetterdaten und Auswertungen am besten präsentiert, und darüber, wie man moderiert. Anfangs hatte ich so meine Schwierigkeiten beim Moderieren, da das Wetter bei „Wien Heute" nicht live war. Wir machten aus zeitlichen Gründen immer kurz vor der Sendung eine Aufzeichnung. Ich war also wahnsinnig aufgeregt, als ich das erste Mal im nationalen Fernsehen auf ORF 1 ranmusste und es dann hieß: „10 Sekunden noch!" Oh mein Gott! Ich hatte das Gefühl, alles vergessen zu haben. Du musst dir schon recht viel merken, auch wenn so eine Wettersendung gerade einmal eine Minute lang dauert. Es sind Grafiken hinter mir zu sehen, die ich erklären sollte, die Daten müssen stimmen und ich muss all das auswendig können, denn beim Wetter haben wir keinen sogenannten Teleprompter, wo man den Text ablesen könnte. Der Text muss bei uns ModeratorInnen aus dem Kopf kommen. All das war total neu für mich, denn bisher war es so, dass wir die Aufzeichnung einfach wiederholt haben, wenn etwas schiefging. Das war ab jetzt nicht mehr möglich. Wenn ein Fehler passiert, dann kann ich ihn nicht mehr gutmachen und zigtausende Menschen sehen auch noch dabei zu. Ein Gedanke, der mich anfangs richtig verrückt machte. – Aber schließlich ist alles gut gegangen.

Ich hab mir diese erste Sendung aus dem ORF-Archiv unlängst noch einmal herausgesucht, glücklicherweise wird wirklich alles gespeichert, was jemals ausgestrahlt wurde. Wissen Sie, wie ich damals meine Begrüßung angelegt habe, ohne es wirklich bewusst geplant zu haben? – Wie Carl M. Belcredi! „Schönen guten Abend – Pause – beim Wetter." Da haben sich offenbar die vielen Abende in meiner Kindheit vor dem Fernseher und das viele Üben vor dem Spiegel im Vorzimmer ausgezahlt.

In den folgenden Wetter-Sendungen, die ich seither auf ORF 1 moderiert habe, ist nicht immer alles ganz so gut gelaufen: Einmal habe ich zum Beispiel meinen Text vergessen. Und zwar komplett. Ich wusste gar nichts mehr. Ein typisches Blackout war das. Gott sei Dank kann ich mich in so einer Situation immer einfach umdrehen und schauen, was auf den Wetterkarten steht, die ich präsentiere. Das hilft enorm auf die Sprünge, und so habe ich mich dann „durchgewurschtelt". Mein Gott! Kann passieren! Heute kann ich darüber lachen, damals hat sich das für mich wie ein Weltuntergang angefühlt. Ich habe später sogar öfter davon geträumt, solche Angst hatte ich, dass es wieder passiert. Aber: Übung macht den Meister! Naja, vom Meister-Sein bin ich noch weit entfernt, aber ich glaube, dass ich es gar nicht mal so schlecht mache. Und Blackout hatte ich seitdem auch keines mehr. Bitte warten Sie ganz kurz: Ich klopfe nur schnell dreimal auf die Holzplatte meines Tisches hier.

Ich sage immer, wenn man etwas wirklich will, dann schafft man es auch. Um ehrlich zu sein, hat das meine Mama immer gesagt, ich plappere es nur nach. Ehrgeiz und Geduld lautete ihre Devise. Geduld ist eine Tugend, die ich zwar nicht in ausreichendem Maß besitze, aber ich konnte das Bisschen, das ich habe, hin und wieder aufbringen. Ans Aufgeben habe ich nie gedacht. Warum auch? Es hat ja alles reibungslos funktioniert: Ich habe es durch Zufall zu einem brandneuen Magazin für junge MigrantInnen geschafft, das heute wirklich einen sehr guten Namen in der Medienwelt in Österreich hat, dann wurde ich fürs Fernsehen entdeckt und am Ende schreibe ich jetzt auch noch ein Buch! Was soll ich sagen? Das ist mehr, als ich mir als Kind immer erträumt habe.

Meine Mama hat mir immer gesagt: „Anoş, du wirst es schaffen, du wirst schon sehen. Du musst nur ein bisschen Geduld haben und dahinter sein." „Sabrın sonu selamettir", was so viel bedeutet wie: „Am Ende der Geduld wartet der Segen." Ich sag's ja, meine Mama hat immer recht. Sie hat immer an mich geglaubt, egal, ob es während der Schule war, im Studium oder als ich mich schließlich bei „Dancing Stars" auf ein für mich völlig unbekanntes Terrain begab, denn tanzen konnte ich nun wirklich nicht. Nur meine liebe Anne war überzeugt, dass es wunderschön werden würde.

Dancing Stars

Yok Böyle Dans

Geliebäugelt habe ich bereits am Anfang, als die Sendung zum ersten Mal im Fernsehen lief, mit einem Auftritt bei „Dancing Stars". Damals war es noch überhaupt keine Option, da mitzutanzen, aber ganz insgeheim wollte ich auch mal dabei sein, denn schließlich habe ich Rhythmus im Blut, dachte ich mir. Ich bin zwar in Österreich geboren, mein Blut ist aber südländisch. Es brauchte sieben Jahre, bis ich selbst zum damaligen Unterhaltungschef des ORF, Edgar Böhm, ging und ihn einfach fragte, ob ich mittanzen dürfe. „Ja klar, du bist dabei", war seine Antwort. Okay. Das war wirklich schnell, aber jetzt gab es kein Zurück mehr und ich war bereit. Ich wollte da wirklich mitmachen – und ich betone: *mitmachen*, nicht gewinnen.

Dass ich nicht gewinnen würde, wusste ich bereits am Anfang, meine Kolleginnen und Kollegen in der Show waren einfach zu stark. So realistisch betrachtete ich die Sache dann doch. Allerdings hätten sie mich so schnell dann doch nicht hinauswählen müssen, als Erste von allen Teilnehmern. Ob das Verfassungsreferendum in der Türkei am Tag nach meinem Rauswurf ausschlaggebend gewesen sei, das haben sich später Stermann und Grissemann in „Willkommen Österreich" gefragt. Sollte ein Witz sein, über den ich heute lachen kann, den ich damals aber nicht sonderlich lustig fand. Ich hatte wirklich ein bisschen damit zu kämpfen, dass ich so schnell gehen musste, zumal darüber ja die Zuschauerinnen und Zuschauer entschieden. Das nagte an mir, aber am Ende bin ich wirklich froh, überhaupt dabei gewesen zu sein. Was für ein Traum! Ich freue mich, trotz allem für immer ein Teil der „Dancing-Stars"-Familie zu sein!

„Verlieb dich ja nicht in ihn", hat mich jemand aus dem Team damals gewarnt, noch bevor ich überhaupt wusste, wer mein Tanzpartner sein würde. Danilo Campisi, ein Sizilianer, ist es geworden. Wir haben uns auf Anhieb gut verstanden – eh klar, zwei Südländer. Das kann aber auch kontraproduktiv sein.

Gleich zu Beginn der Show, während eines der ersten Trainings, hat er mir gleich zwei (!) Rippen gebrochen. Wir übten gerade unseren ersten Tanz, den Cha-Cha-Cha. Danilo bildete sich ein, er müsse mich heben und drehen. Stellen Sie sich das Szenario folgendermaßen vor: Danilo ist zirka 171 Zentimeter groß, ich bin zwei Zentimeter größer und wiege noch dazu mehr als er. Bei einer Drehbewegung packte er mich so stark an den Rippen, dass sie brachen. Ich bekam plötzlich keine Luft mehr und musste sofort den Proberaum verlassen. Es wurde ja auch immer gefilmt, selbst beim Proben und Üben (für die kleinen Filmchen, die laufen, kurz bevor die Paare in der großen Show auftreten). Ich wollte nicht, dass mich die Kameras dabei aufnehmen, es reichte schon, dass man hörte, wie ich um Luft rang. Wir alle waren bei „Dancing Stars" während der Proben immer verkabelt, damit man uns nicht nur sehen, sondern auch hören konnte. Das Video kann man jetzt noch auf YouTube finden. Ich habe es mir gerade noch einmal angeschaut und es knackst wirklich ganz schön bei dieser kleinen Hebefigur. Bei dem Geräusch bekomme ich heute noch Gänsehaut, ich spüre sogar den stechenden Schmerz wieder. Wenn Sie schon einmal einen Rippenbruch hatten, wissen Sie, was ich meine. Und man kann eigentlich nichts dagegen tun. Kein Gips, keine Schiene, es helfen nur Schmerzmittel und Geduld. Weil ich nicht wollte, dass meine „Dancing-Stars"-Karriere schon beendet wird, bevor sie überhaupt begonnen hat, biss ich einfach die Zähne zusammen und machte weiter, obwohl der Arzt meinte, ich solle es bleiben lassen. Nur diese gefährliche Hebefigur ließen wir aus beim ersten Cha-Cha-Cha. Vielleicht war das der Grund für den Rausschmiss. Wer weiß.

Von den Juroren bekamen wir jedenfalls keine besonders guten Bewertungen und Kritiken, aber sie waren okay. Karina Sarkissova fand uns immerhin sogar „heiß", Balázs Ekker hingegen gar nicht: Er vernichtete uns mehr oder weniger, für ihn stimmte bei unserem Tanz einfach gar nichts. Schade jedenfalls! Leider haben für uns dann auch nicht genügend Menschen angerufen und gevotet. Ich machte mir danach lange Zeit Gedanken, ob ich etwas falsch gemacht hatte, nicht nur beim Tanz, sondern auch, ob ich vielleicht unsympathisch oder unprofessionell rüberkam. Irgendwann kam ich für mich selbst zu dem Schluss, dass ich es nicht anders machen hätte können. Ich war so, wie ich bin, sowohl beim Tanzen als auch Backstage beim Proben und bei den Aufnahmen.

Am Ende hat diese Show trotzdem sehr viel verändert bei mir. Das hätte ich mir nicht gedacht. Ich habe miterlebt, wie eine so große Fernsehproduktion funktioniert, und erfahren, dass es hier nicht nur ums Gewinnen geht, sondern darum, ein Teil der Show zu sein, sich persönlich miteinzubringen und sich zu entfalten. Und das Coole an der ganzen Geschichte ist, dass mich trotz des frühen Rauswurfs immer noch viele Menschen mit der Show assoziieren.

Das Mädchen mit dem Feuerzeug

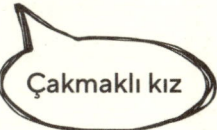

Çakmaklı kız

E s war so schrecklich kalt; es schneite, und es fing schon an, ganz dunkel zu werden. In dieser Kälte und Dunkelheit war Eser gerade auf dem Weg zur Apotheke. Die Straße war rutschig, voller Schneematsch; genau wie ihr Mantel, weil zwei Wagen so furchtbar schnell vorübergefahren waren. Eser hatte ſtechende Schmerzen; zwei ihrer Rippen waren gebrochen, wie ihr gerade der Arzt mitgeteilt hatte. All die Freude über den großen Erfolg war dahin. So sehr hatte sich Eser über die Teilnahme bei „Dancing Stars" gefreut; so lange hatte sie darauf hingearbeitet; so ſtolz war sie gewesen und so groß war die Enttäuschung jetzt. Es schien ihr, als wäre den ganzen langen Tag all das schiefgegangen, was schiefgehen konnte. Jeder Schritt, jede Bewegung verursachte Schmerzen. Voll Trübsinn und ganz erfroren ging Eser jetzt durch die Gasse und sah dabei ganz eingeschüchtert aus. Die Schneeflocken fielen in ihr langes Haar, das sich so hübsch lockte, aber daran dachte sie freilich nicht. In einem Winkel zwischen zwei Häusern, von denen das eine ein wenig mehr vorsprang als das andere, blieb Eser kurz ſtehen, um durchzuatmen. Sie kramte noch einmal das

Rezept aus der Tasche, das ihr der Arzt verschrieben hatte, um zu sehen, um welches Schmerzmittel es sich genau handelte. Weil sie in der Finsternis nicht richtig sehen konnte, entzündete sie das Feuerzeug, das sie zufällig dabeihatte. *Ratsch! Es war eine warme, helle Flamme, ganz wie ein kleines Licht, als sie die Hände darüber hielt; es war ein wunderliches Licht,* Eser war es, als stünde sie vor *einem großen eisernen Ofen mit blanken Messingkugeln und Messingtrommeln; das Feuer brannte so gut und wärmte so gut; nein was war denn das?* Aller Schmerz war wie verschwunden – da erlosch die Flamme. Der Ofen verschwand und Eser stand wieder in der dunklen, kalten Ecke.

Sie entzündete das Feuerzeug von Neuem, *es brannte, es leuchtete und wo der Schein auf die Mauer fiel, ward sie durchsichtig wie Flor; sie sah gerade in das Zimmer hinein, wo der Tisch gedeckt stand. Ein schimmernd weißes Tischtuch war darüber ausgebreitet, darauf stand feines Porzellan, und herrlich dampfte die gebratene Gans, die mit Äpfeln und Zwetschken gefüllt war; und was noch prächtiger war, die Gans sprang von der Schüssel herunter und watschelte, ein Messer und eine Gabel im Rücken, durch das Zimmer direkt auf* Eser zu; da erlosch das Feuerzeug und es war nur noch die dicke, kalte Mauer zu sehen und auch der stechende Schmerz war wieder da.

Sie zündete das Feuerzeug erneut an. Da sah sie im Lichtschimmer ein kleines Mädchen in der Ecke kauern; es trug nichts am Leib als eine alte Schürze und war ganz erfroren. Wie konnte sie das Kind bis jetzt nicht bemerkt haben? Eser versuchte, es anzusprechen, doch es antwortete nicht; ganz versunken war es in einen Traum, so schien es. Erst als Eser versuchte, es zu berühren, und die Flamme dabei erneut erlosch, wurde ihr klar, dass sie selbst es war, die träumte; das Kind war nie wirklich da gewesen, es war nur eine Illusion aus der Vergangenheit, eine blasse Erinnerung an das Kind, das sie gewesen war; ein kleines, schüchternes Mädchen, das oft alleine war und nicht dazugehörte. Es war aber auch eine Erinnerung daran, was für ein Mensch aus ihr geworden war; fast wie eine Mahnung, so schien es Eser jetzt.

Ihr fiel auf, wie hell die Sterne am Nachthimmel heute leuchteten, als ein Stern niederfiel und einen langen Feuerstreifen am Himmel bildete. Eser wusste aus alten Geschichten, dass manche Menschen glaubten, dass jemand sterben würde, wenn ein Stern vom Himmel fiele und eine Seele an seiner statt zu Gott emporsteigen würde. Sie selbst aber wusste es besser, denn ihre Großmutter hatte ihr erzählt, dass ein Stern, der vom Himmel fällt, ein Geschenk sei und Allah nichts im Gegenzug dafür verlange.

Sie entzündete nochmals ihr Feuerzeug, *es leuchtete ringsumher, und in dem Glanze* erschien wieder das kleine Mädchen aus der Vergangenheit; angetan diesmal aber mit einem hübschen Kleidchen und im Gesicht ein strahlendes Lächeln. Eser erinnerte sich genau an diesen Tag zurück: Es war der Tag, an dem sie die Schule gewechselt und dabei ihr Selbstbewusstsein gefunden hatte. Sie schloss die Augen und wünschte sich das Gefühl von damals zurück, dann ging sie zur Apotheke und holte sich die Schmerzmittel, die ihr der Arzt wegen der gebrochenen Rippen verschrieben hatte; morgen würde sie wieder die Hebefigur für den Cha-Cha-Cha trainieren. Träume sterben erst, wenn man sie sterben lässt.

2015 war für mich ein schreckliches Jahr. Nine, meine Großmutter mütterlicherseits, war gestorben, und dann fand auch noch die sogenannte „Flüchtlingskrise" in Europa statt, unter anderem wegen des damals schon jahrelangen Krieges in Syrien. Die Nachricht, dass 71 Menschen in einem LKW irgendwo auf einer Autobahn qualvoll gestorben sind, beschäftigt mich bis heute. Die Bilder des Lasters, der irgendwo in der Nähe von Parndorf stand, die Polizei-Absperrungen rundherum und die vielen Tatortermittler in ihren weißen Schutzanzügen werde ich nie vergessen.

Mein erster Gedanke war: Was ist ein Menschenleben wert? Wie konnte es so weit kommen, dass so viele Menschen sterben mussten, nur weil sie in der Hoffnung auf ein besseres Leben flüchten mussten? Und all das passierte noch dazu in einem Land, aus dem vor 80 Jahren selbst massenhaft Menschen fliehen mussten, vor den Nazis und dem zweiten Weltkrieg.

Österreich hat doch auch eine lange Flüchtlings-/ Migrationsgeschichte: der Vielvölkerstaat im Kaiserreich, der erste, der zweite Weltkrieg, der eiserne Vorhang, die Oktoberrevolution 1956 in Ungarn, der Prager Frühling, der Balkankrieg oder der Golfkrieg. Während ich hier sitze und schreibe, ist die türkische Armee gerade in Nordsyrien einmarschiert, in die Kurdengebiete, und niemand hat sie aufgehalten, obwohl gerade diese Kurden dort davor noch mit westlicher Unterstützung die Terrormiliz IS bekämpft hatten. Wie viel ist ein Menschenleben wert? Nicht viel, wie es aussieht.

Ich bin Pazifistin – durch und durch. Ich lehne jegliche Art von Gewalt ab. Der Konflikt zwischen Türken und Kurden begleitet mich schon mein ganzes Leben lang. Ich stelle mich ganz bewusst auf keine Seite: Einmal habe ich Morddrohungen bekommen, weil ich auf Twitter einen – zugegebenermaßen nicht zu Ende gedachten – Kommentar schrieb, aufgrund dessen ich dann von verschiedenen Seiten als PKK-Sympathisantin dargestellt wurde. Das mit den Drohungen ging so weit, dass ich die Polizei einschalten musste. Ich habe mich in meinen eigenen vier Wänden nicht mehr sicher gefühlt, so hasserfüllt waren sie. Von „Terroristen-Schlampe" war die Rede, Vergewaltigungsfantasien waren dabei und die klare Drohung, dass ich aufpassen solle, sonst sei ich die Nächste. Die, die das geschrieben hatten, allesamt Männer übrigens, wurden dann auch tatsächlich von der Polizei vorgeladen und zumindest ermahnt. Das Verfahren wurde dann aber bald eingestellt, da man „keine Hinweise auf das Ausüben der Drohungen finden konnte", so stand es im Abschlussbericht des Verfassungsschutzes. Sicherer habe ich mich danach nicht gefühlt, das können sie mir glauben. Ich habe mich nur an das Gefühl der Unsicherheit gewöhnt.

Ich lasse mir wirklich einiges gefallen, aber allein die Tatsache, dass meine Wurzeln in Dersim verankert sind, macht mich noch lange nicht zu einer PKK-Sympathisantin – dagegen wehre ich mich mit allen Mitteln! Es reicht schon, wenn diese

Kämpfe in den Kriegsgebieten ausgetragen werden, in Europa brauchen wir das wirklich nicht auch noch, finde ich.

Wir leben in Österreich, in einem der reichsten und sichersten Länder der Welt. Wir können uns also sehr glücklich schätzen, dass wir weder Kriege führen noch in welche geschickt werden, und dass wir uns nicht vorstellen können, wie es Menschen geht, die ihr ganzes Hab und Gut verlieren und Tag und Nacht um ihr Leben fürchten müssen. Und ehrlich gesagt will ich es auch nicht wissen, wie es ist, sein Leben von einer Sekunde auf die andere umkrempeln zu müssen oder alles zu verlieren.

In der UN-Menschenrechtserklärung steht Folgendes: „No one shall be arbitrarily deprived of his life" (Niemand darf willkürlich seines Lebens beraubt werden) – und doch passiert es ständig. Wir können wirklich vieles tun, wir können Aufklärungsarbeit leisten, damit unsere Nachgeneration sich eben nicht mit diesen Problemen auseinandersetzen muss. Meine Generation, sprich die Kinder der Gastarbeiterinnen und Gastarbeiter, hat fast ihr ganzes Leben damit verbracht, sich zu beweisen und durchzusetzen, um von ihren Mitmenschen akzeptiert zu werden, warum also müssen wir uns innerhalb der Communities das Leben auch noch so schwer machen? Eines ist klar: Idioten gibt es überall und in jeder Kultur.

Schlechte Sprache

Kötü dil

Auch im Bildungswesen hat sich seit meiner Schulzeit in Bezug auf Integration einiges verändert.
Es gibt jetzt separate Deutschkurse, die für neu zugewanderte

Schülerinnen und Schüler angedacht sind, damit diese die deutsche Sprache schneller erlernen können. Eine super Sache! Das kann ich mit ruhigem Gewissen sagen, denn ich unterrichte solche Kinder heute selbst, und zwar in meiner ehemaligen Schule. Irgendwie bin ich da einfach reingerutscht. Vielleicht war dieser Wunsch auch in meinem Unterbewusstsein verankert, da ich ja durch meine Familiengeschichte vorbelastet war: Ich wusste, wie schwierig es für meine Eltern früher war, sie waren auf sich allein gestellt, mussten versuchen, ohne Hilfe eine neue Sprache zu lernen, von der sie keine Ahnung hatten, die auch grammatikalisch ganz anders funktioniert als ihre Muttersprache. Und ich weiß auch, was das mit mir gemacht hat: die ständige Übersetzerei, diese vielen Fragen und diese Verantwortung, nichts falsch machen zu dürfen, weil immer etwas auf dem Spiel steht. Heute unterrichte ich jedenfalls sehr gerne, obwohl Pubertierende – wie ich merke – auch ganz schön anstrengend sein können.

Wenn man die Wörter „Integration" oder „Integration in Österreich" googelt, dann findet man unzählige Einträge. Neben den zahlreichen Definitionen des Worts selbst auch viele Dos and Don'ts. „Zuwanderer sollen Deutsch lernen", lauten natürlich wieder die meisten Einträge. – „Ihr sat's zu uns kumma, lernts Deitsch!" Das alles klingt so, als ob die Zuwanderer die Absicht hätten, Österreich zu erobern. Und fangen wir jetzt bitte nicht wieder mit den Wiener Türkenbelagerungen an. Denn dieses Trauma haben viele meiner Meinung nach bis heute nicht ablegen können. Ich bin für ein Miteinander auf Augenhöhe. Österreich gehört niemandem, es ist ein Land in der Europäischen Union.

Was in Österreich auffällt, ist, dass hier oft zwischen „guten" und „schlechten" Ausländern unterschieden wird. Ein Amerikaner ist gut, der muss auch nicht wirklich Deutsch können, ein Türke ist schlecht – was will der hier, wenn er nicht einmal bereit ist, Deutsch zu lernen? Auch gibt es „gute" und „schlechte" Fremdsprachen in Österreich: Englisch, Spanisch, Französisch, Italienisch – alles gut. Türkisch, Serbisch, Tschechisch, Arabisch – schlecht. Dabei haben gerade das Türkische und das Französische viele Ähnlichkeiten: Fast 5000 Wörter aus dem Französischen, wie Friseur (kuaför), Fahrer (şoför) oder Überraschung (sürpriz) stecken in der türkischen Sprache. Deshalb hatte ich es auch in der Schule im Französisch-Unterricht oft ein bisschen leichter als meine KlassenkameradInnen. Nichtsdestotrotz kommt Türkisch in den Lehrplänen der Schulen in Österreich nicht vor, genauso wenig wie BKS (Bosnisch-Kroatisch-Serbisch), obwohl das nach Deutsch die meistgesprochenen Sprachen in Österreich sind.

Hans-Jürgen Krumm, Germanist und einer der ersten Professoren für Deutsch als Zweitsprache an der Uni Wien, ist der Meinung, dass es sich hierbei um Zweiklassensysteme handelt. Englisch und Französisch und noch einige andere Sprachen werden beispielsweise in den Lehrplänen als „lebende Fremdsprachen" angeführt, nur Türkisch und BKS (Bosnisch-Kroatisch-Serbisch), die beiden stärksten Migrantensprachen in Österreich, fehlen aber in den Lehrplänen. Professor Krumm bezeichnet diese Sprachen als „Armutssprachigkeit", d. h. „die Beherrschung dieser Sprachen wird nicht wertgeschätzt und honoriert, die Mehrheit soll von der Anmutung, eine dieser Sprachen zu lernen, nach Möglichkeit verschont werden; sie sind im öffentlichen Bewusstsein nichts wert und nicht wichtig, deshalb auch zwei getrennte Listen für Fremdsprachen und für den Muttersprachlichen Unterricht."[7]

Verbotene Sprache

Yasak dil

Da fällt mir eine Geschichte ein, die vor ein paar Jahren für Wirbel gesorgt hat, zumindest in der Bundeshauptstadt: Damals hat eine Bäckereikette in Wien ihren MitarbeiterInnen verboten, sich untereinander oder mit KundInnen in ihrer jeweiligen Muttersprache zu unterhalten. Ich selbst war in einer Filiale im dritten Bezirk und habe mich mit der Verkäuferin – weil ich sie schon länger kannte – wie schon unzählige Male davor auch auf Türkisch unterhalten. Sie hat mir dann höflich mitgeteilt, dass sie mit mir nur Deutsch sprechen darf. Ich – und ich glaube die Verkäuferin auch – habe das damals als echte Erniedrigung empfunden. Wie bitte? Wir dürfen uns in der Öffentlichkeit nicht mehr in einer anderen Sprache unterhalten? Oh, ich vergaß: nur nicht auf Türkisch oder Kroatisch, vielleicht. Hätte ich auf Französisch ein Baguette bestellt und sie dann auf Französisch abkassiert, wäre das ja überhaupt kein Thema gewesen. Wer sollte da etwas sagen? Diese Geschichte bringt mich, wie sie vielleicht merken, heute noch in Rage. Ekelhaft war das und eines Landes wie Öster-

---

7 Hans-Jürgen Krumm: Elite- oder Armutsmehrsprachigkeit: Herausforderungen für das österreichische Bildungswesen. https://homepage.univie.ac.at/hans-juergen.krumm/KrummElitemehrsprachigkeit.pdf

reich nicht würdig, eines Landes, das aus einem Vielvölkerstaat entstanden ist. Jedenfalls, dieses Sprachenverbot wurde bald wieder aufgehoben, aber nur, weil sich einige – wie ich – aufgeregt haben. Was wäre passiert, wenn niemand oder nur ganz wenige etwas gesagt hätten? Wäre es dann heute normal, dass in der Öffentlichkeit nur mehr Deutsch gesprochen werden darf? Ich will mir so eine Zukunft gar nicht vorstellen. Allein der Gedanke macht mir Angst.

Der Politikwissenschaftler und Migrationsforscher Bernhard Perchinig meint, „dass die öffentliche Wahrnehmung von Sprachen sehr hierarchisch verläuft. Da gebe es Englisch als Weltsprache, die ökonomische Macht zeigt. Und andere Sprachen, die als Kulturelement der Zuwanderer nicht akzeptiert werden wie Türkisch, BKS (Bosnisch/Kroatisch/Serbisch) oder Russisch. Weil die Mehrsprachigkeit nicht wirklich als Wert angesehen wird, lehnen Deutschsprachige anders Sprechende oft ab. Sie fühlen sich in ihrer eigenen Einsprachigkeit angegriffen."[8]

Meiner Meinung nach hat Perchinig nicht ganz unrecht. Sprachwissenschaftler predigen seit Jahren, dass Kinder zuerst ihre Muttersprache richtig erlernen sollen, bevor sie eine andere Sprache dazulernen. Meine Mama ist das beste Beispiel dafür. Hätte sie die Grammatik und das Alphabet auf Zazaisch und Türkisch gelernt, dann wäre es auch leichter für sie gewesen, Deutsch zu lernen. So aber hat sie bis heute kein wirkliches

---

8 Aysun Bayizitlioglu: Diskriminierung wegen der „falschen" Sprache. *Die Presse,* 16. 10. 2011, https://www.diepresse.com/634376/diskriminierung-wegen-der-bdquofalschenldquo-sprache

Verständnis dafür, wie Sprache funktioniert. Nicht einmal bei ihrer eigenen Muttersprache. Ja, sie spricht fließend Zazaisch und mittlerweile auch Türkisch, aber warum sie die Wörter so aneinanderreiht und nicht anders, das hat sie nie gelernt. Und ganz ehrlich: Sollte Österreich nicht stolz darauf sein, dass hier so viele Menschen leben, die mehrsprachig sind? Ist es nicht toll, wenn jemand Deutsch, Türkisch, Kurdisch, Englisch, Französisch und ein bisschen Spanisch gleichzeitig beherrscht? Und ist das nicht gut für das Land und die Gesellschaft, die darin lebt? Sollten wir das nicht eher sogar noch fördern, anstatt es schlechtzumachen?

Also, ich bin jedenfalls stolz darauf, mehr oder weniger dreisprachig aufgewachsen zu sein, obwohl ich Türkisch und Zazaisch nicht perfekt beherrsche. Es ist trotzdem definitiv ein Asset, und ich bin der Meinung, dass alle, die eine andere Muttersprache haben als Deutsch, diese ihren Kindern auch weitergeben sollten. Aber jedes Mal, wenn ich in Dersim in Ostanatolien bin und meine Eltern, Onkel und Tanten Zazaisch sprechen, dann wünschte ich, ich könnte auch so reden wie sie. Leider verstehe ich die Sprache zwar, kann sie aber nicht gut sprechen und schon gar nicht mitdiskutieren.

Die Zaza-Sprache ist stark an das Persische angelehnt, hat mit Türkisch also gar nichts zu tun. Laut UNESCO gehört sie zu den bedrohten Sprachen. Nicht zuletzt, weil das Sprechen dieser Sprache in der Türkei lange verboten oder nicht erwünscht war. Für geschätzt nur mehr rund zwei Millionen Menschen ist Zazaisch die Muttersprache. Weil viele dieser Menschen in den letzten Jahrzehnten ausgewandert sind oder fliehen mussten, leben viele Zaza-Sprechende gar nicht mehr in Ostanatolien, sondern in West-, Mittel- und Nordeuropa. Hier haben sich in den letzten Jahren überall sogar Vereine gegründet, die diese Sprache am Leben halten wollen. Sprachkurse werden da angeboten, eben für jene Nachkommen der Zaza-Muttersprachler, die schlussendlich eher mit Türkisch aufgewachsen sind, weil Zazaisch nicht anerkannt, gewollt oder eben verboten war. Lange Zeit war Zazaisch damit in der Türkei eine Sprache, die nur im privaten Bereich gesprochen wurde. Das hatte zur Folge, dass es auch keinen regulären Zazaisch-Unterricht gab und nur die wenigsten auf Zazaisch alphabetisiert werden konnten.

Im Zuge meines Studiums habe ich mich auch aus privatem Interesse eine Zeit lang mit dem Aussterben von Sprachen auseinandergesetzt und damit, was es heißt, wenn eine Sprache verloren geht. Ich wollte wissen, was das mit einer Gesellschaft macht, aber auch mit Einzelpersonen wie mir selbst. Ich habe damals viele Gespräche geführt und versucht, in mich hineinzuhören. Schon immer hatte ich das Gefühl, dass die Zaza-Sprache etwas ganz Besonderes für mich ist, auch wenn ich sie im Grunde nur von meiner Anne und meinen Großeltern kenne. Wenn ich jemanden Zazaki reden höre, dann löst das etwas in mir aus, ein Gefühl der Geborgenheit und der Wärme. Tatsächlich scheint die emotionale Verbindung zu einer Sprache auch in der Wissenschaft eine Rolle zu spielen, weil damit auch wesentliche Erinnerungen abgespeichert werden. Erinnerungen an Geräusche, an Gerüche, an Personen und Vorkommnisse. All das ist eng an die Höreindrücke aus der Kindheit gekoppelt. Ich habe sofort den Geruch von Essen in der Nase, wenn meine Anne etwas auf Zazaisch sagt. Bilder vom Balkon meiner Großeltern in der Türkei werden dann wach, ich rieche direkt die vielen Blumen dort und höre, wie die Nachbarn miteinander lachen und streiten.

Der Verlust einer Sprache führt dazu, dass sich die Betroffenen ausgegrenzt vorkommen. Nicht alle machen die Erfahrung, dass ihre eigene Sprache untergeht, und damit sind die, die diese Erfahrung machen, anders als die anderen. Ich muss mir als Deutsch sprechende Person wohl keine Gedanken darüber machen, dass Deutsch verloren gehen könnte. Die Sprache verändert und entwickelt sich, ja, aber Deutsch verschwindet nicht. Für meine Mama hingegen ist das anders: Sie ist eine von ganz wenigen Menschen in Österreich, deren Muttersprache Zazaki ist, sie kann sich mit kaum jemandem in dieser Sprache unterhalten und musste deshalb auch früh auf andere Sprachen wie Kurdisch oder Türkisch oder eben Deutsch ausweichen. Alles Sprachen, die nicht ihre Muttersprachen sind. Wenn ich mir vorstelle, dass auch Deutsch verschwinden würde, dann ist das irgendwie, als würde meine Heimat oder meine Kultur untergehen.

Einerseits verurteile ich meine Eltern dafür, dass sie uns ihre Sprache nicht wirklich beigebracht haben, denn dann könnten wir versuchen, sie am Leben zu halten, andererseits verstehe ich sie auch, da sie zum einen in der Türkei die Sprache nicht sprechen durften und zum anderen wollten meine Eltern ja, dass wir Kinder in Österreich Deutsch lernen und nicht etwas anderes. Trotzdem sehr traurig: Ich muss heute dabei zusehen, wie ein wichtiger Teil meiner Herkunft, meiner Identität und meiner Wurzeln womöglich einfach bald verschwindet.

Mamas Prinzessin

Annesinin prensesi

s war einmal ein Prinz, der wollte eine Prinzessin haben, doch es sollte eine wirkliche Prinzessin sein. Ach, wie gerne wäre auch Eser eine solche Prinzessin gewesen; ihr ganzes Leben schon träumte sie davon. Früher als Kind waren es die schönen Kleider, die Prinzessinnen hatten, die goldenen *Löffelchen* und *Gäbelchen, mit Seide und Silber ausgestickte Pantoffel*, ja, sogar goldene Kugeln zum Spielen und freilich der Prinz, die es ihr angetan hatten. Im Laufe der weiteren Jahre war es immer mehr der Gedanke geworden, besser als andere, schöner, talentierter, klüger, wichtiger zu sein, hervorzustechen, der in ihr wuchs. Ein schöner Gedanke war das nicht, das war Eser in jedem Moment klar, in dem er in ihr aufkeimte, doch er war da, immer wieder und immer öfter. *„Ach, du närrische* Eser!“, sagte sie sich dann immer selbst. „Prinzessinnen gibt es nur im Märchen, und Märchen sind nicht echt.“ Und so redete sie immer wieder gegen ihren eigenen Gedanken an, sodass manchmal eine ganze Unterhaltung daraus wurde. Sie erwiderte dann sich selbst, dass sie, wenn, „dann vielmehr eine Gretel war oder von mir aus auch ein Aladin.“

„Emek olmadan yemek olmaz!", hatte Baba immer gesagt: „Ohne Fleiß und Arbeit gibt es nichts zu essen!" – Und ja, diesbezüglich war Eser mittlerweile auch stolz auf sich: Sie hatte zwar nichts Goldenes oder Silber-Besticktes, aber sie hatte studiert und es ins Fernsehen geschafft; ihr war klar, dass viele andere Nicht-Prinzessinnen genau davon träumten.

Eines Abends, Eser hatte gerade den strahlendsten Sonnenschein angekündigt und die wärmsten Temperaturen, da *zog ein schreckliches Unwetter herauf, es blitzte und donnerte, der Regen strömte herab, es war ganz fürchterlich!* Eser war gerade auf dem Weg zu ihren Eltern, auch ein paar der anderen Geschwister hatten sich angekündigt; es sollte wieder einmal einer der selten gewordenen Familienabende werden, an denen Anne so viel kocht, dass sich der Tisch biegt und Baba allen Kindern so viele Ratschläge gibt, dass die Köpfe rauchen. Eser hatte sich darauf gefreut, nur jetzt ärgerte sie sich wieder einmal über sich selbst. Sie hasste es, wenn das, was sie im Fernsehen gesagt hatte, nicht mit der Wirklichkeit übereinstimmte. „Meteorologie ist eine recht exakte, aber eben keine ganz exakte Wissenschaft", dachte sie. Hie und da stimmte die Prognose nicht hundertprozentig und meistens merkte das kaum jemand, aber heute musste es jedem ins Auge stechen, zwischen wolkenlos und Wolkenbruch ist dann doch ein ziemlich großer Unterschied.

Eser läutete die Klingel an der Tür ihrer Eltern. *Du großer Gott, wie hatten der Regen und das böse Wetter sie nur zugerichtet! Das Wasser lief ihr aus dem Haar und aus den Kleidern, und es lief in die Spitzen der Schuhe hinein und*

an den Hacken wieder heraus und dabei sagte sie in die Ge-
gensprechanlage, dass sie es sei. Baba wollte immer wissen,
wer da ist, auch wenn er ganz genau wusste, wer kommen
würde.

Am Ende war es wieder ein schöner Abend geworden.
Eser war schnell getrocknet, der Regen draußen hatte sich
wieder verzogen und so getan, als wäre er nie dagewesen,
Anne hatte aufgetischt und Baba so lange geredet, dass
Eser gleich die Nacht über hierbleiben wollte. Anne machte
ihr ein Bett im alten Kinderzimmer im oberen Stockwerk
bereit und Eser legte sich schlafen. Es war spät geworden,
sie war müde, doch es sollte eine unruhige Nacht werden.

Als Eser *die Augen eben zuthun wollte, so fieng das Bett
von selbst an zu fahren, und fuhr im ganzen Schloß herum.
„Recht so“, sprach* sie, *„nur besser zu.“ Da rollte das Bett
fort, als wären sechs Pferde vorgespannt, über Schwellen
und Treppen auf und ab* – und das Haus, in dem Eser aufgewachsen war und in dem ihre Eltern immer noch wohnten,
hatte viele Schwellen und Treppen; fünf Stockwerke hoch,
dazu ein Hochparterre, ohne Lift. *Auf einmal, hopp hopp!
warf es* (das Bett, Anm.) *um, das unterste zu oberst, dass es
wie ein Berg* auf ihr lag. Eser *schleuderte Decken und Kissen
in die Höhe, stieg heraus und sagte „nun mag fahren, wer
Lust hat“*, legte sich auf den Boden und schlief, bis es Tag
war.

Am Frühstückstisch fragte Anne sie, wie sie geschlafen
habe. *„Ach, schrecklich schlecht“*, antwortete Eser. *„Ich habe
fast die ganze Nacht kein Auge zugetan! Gott mag wissen,
was in dem Bett gewesen ist?* Ich habe auf etwas Hartem ge-

legen, sodass ich am ganzen Körper braun und blau bin! Es ist ganz schrecklich!" Sie erzählte von dem Traum und dass sie aus dem Bett gefallen sein muss, da sie am Morgen auf dem kalten Boden erwacht war.

Da konnte Anne sehen, dass ihre Tochter eine wirkliche Prinzessin war, denn so empfindlich konnte nur eine wirkliche Prinzessin sein. Eser hingegen hatte erhebliche Gliederschmerzen und ahnte von alldem nichts.

Unklar ist bis heute, ob, und wenn ja, was Anne unter die Matratze, auf *den Boden der Bettstelle* gelegt haben mochte, denn irgendetwas musste ja dort gewesen sein und Esers Schlaf derart gestört haben. *Sieh, das ist eine richtige Geschichte!*

„Seit sie Moderatorin ist, kennt sie uns plötzlich nicht mehr!", „Voll arrogant, die Alte!", „Das ist doch diese Türken-Schlampe!", „Stirb, du PKK-Hure!", „Ihre Haare sind normalerweise glatt, sie hat sich extra für den ORF Dauerwellen machen lassen!"

Üff! Und das, obwohl ich so viele Jahre lang versucht habe, diese Locken loszuwerden und meine Haare jeden Tag geglättet hab, was wirklich nicht gesund war. – Aber bitte! Sollen sie doch reden! Am Ende sagt es mir eh nie jemand persönlich ins Gesicht, ich erfahre immer nur über Dritte oder über Social Media, wenn jemand blöd über mich geredet hat.

Die, die schlecht reden, kenne ich oft gar nicht. Manchmal lese ich die Kommentare auch nur, wenn irgendwo ein Foto von mir im Internet auftaucht. Während meiner (kurzen) Zeit bei „Dancing Stars" war es besonders schlimm. Damals haben sämtliche Boulevard-Zeitungen über die Show berichtet. Natürlich auch über meinen Rippenbruch und unser frühes Ausscheiden. – Was als Kommentar unter diesen Artikeln oft zu lesen war, ist unglaublich! Türkischstämmig und eine Frau: Da kriegten sich ein paar Spezialisten vor ihrem Computer gar nicht mehr ein und überschlugen sich mit ihrem Sexismus und Rassismus regelrecht, natürlich fast nie mit echtem Namen, sondern immer mit ihren Pseudonymen. Den Mut, mit ihrem echten Namen aufzutreten, haben leider längst nicht alle Menschen. Nicht nur Menschen mit Migrationshintergrund, oft sind es auch Österreicher (ich schreibe hier bewusst nur die männliche Form), die sich falsche Identitäten geben, um über andere Menschen das sagen zu können, was sie sich im echten Leben nie trauen würden zu sagen, weil es zu grausig ist. Es war sogar so weit, dass ich meiner Familie die Artikel damals gar nicht mehr gezeigt habe, weil sie dann auch die Kommentare dazu unweigerlich gelesen hätten.

Ich habe mich im Laufe der Jahre irgendwie daran gewöhnt; wobei das der falsche Ausdruck ist: Es verletzt mich immer noch, es irritiert mich, ich finde es ekelhaft und wirklich störend, aber ich kann mittlerweile damit umgehen. Vor allem stört mich das Wissen, dass es wirklich Menschen gibt, die so über andere sprechen. Sie sagen ja nicht nur über mich ihre Meinung, sondern auch über andere (vor allem) Frauen, die in der Öffentlichkeit stehen. – Dass es Männer (ich traue mich zu sagen, dass es zu 99,9 Prozent Männer sind) gibt, die so über andere denken und sprechen, ist ein riesiges Problem, das bringt unsere Gesellschaft in eine Schieflage und gefährdet den Frieden, in dem wir leben.

Gott sei Dank hatte ich immer die richtigen Menschen an meiner Seite, die mir den Rücken stärken, angefangen von meiner Familie bis hin zu wertvollen KollegInnen und FreundInnen. Und oft habe ich auch einfach auf mein Bauchgefühl gehört und meine Zeit erst gar nicht mit Menschen vergeudet, die mir nicht guttun, egal, ob ich sie kannte oder nicht.

Wie sagt man im Türkischen so schön: „Olmuşla, ölmüşe çare yok." – Das heißt ins Deutsche übersetzt so viel wie: „Passiert ist passiert!" Oder: „Man soll nicht über die verschüttete Milch jammern."

Ich bin ich

Ben benim

Wenn Sie meine Geschwister fragen würden, wer Eser ist, würde jeder Einzelne von ihnen wahrscheinlich etwas anderes über mich sagen. Meine Schwester würde vermutlich „zielstrebig, barmherzig und ein Dickkopf" als Antwort geben, mein ältester Bruder „gutmütig und stur". Ich bin vom Sternzeichen Stier, also ist es naheliegend, dass ich stur bin. Aber ich glaube, die Eigenschaften „hilfsbereit" und „humorvoll" würden auch zu mir passen.

Was ich an anderen Menschen am meisten liebe, ist, wenn jemand Humor hat. Ich spreche nicht von Sarkasmus, sondern von echtem Humor. Für mich bedeutet das nicht nur, dass jemand lustig ist, sondern dass dieser Jemand auch friedvoll ist, nichts Böses im Sinn hat, ehrlich und reflektiert ist. Humor ist für mich so etwas wie das Ergebnis von ganz vielen schönen Eigenschaften, die ein Mensch haben kann. Außerdem ist Lachen ja bekanntlich gesund, da werden angeblich über hundert Muskeln aktiviert, und beim Lachen wird ja auch Serotonin ausgeschüttet, was glücklich macht. Ich liebe es zu lachen, auch über mich selbst.

Ich denke schon seit einer Viertelstunde darüber nach, wie ich mich sonst noch beschreiben könnte. Okay, eine Eigenschaft, die ich gar nicht an mir mag und die ich im Laufe der Jahre abzulegen versucht habe, so gut es geht, ist eine gewisse Vertrauensseligkeit, man könnte auch Naivität dazu sagen. Obwohl das eigentlich eine, wie ich finde, sehr schöne Eigenschaft für einen Menschen ist, ist es aber auch eine recht gefährliche. Ich glaube nach wie vor fest an das Gute im Menschen, aber ich versuche zumindest, etwas skeptischer anderen gegenüber zu sein. Vermutlich kennen Sie das selbst auch, dass man im Laufe der Zeit und von einer Enttäuschung – und die passieren nun einmal – zur nächsten immer etwas vorsichtiger wird, etwas zaghafter im Umgang mit anderen Menschen. Aber so ist das nun einmal. Es ist ja nicht so, dass ich selbst andere nie enttäuscht hätte. – Ich möchte gerne ein guter Mensch sein, bin es aber nicht immer. Und ich glaube an das Gute in anderen Menschen, auch wenn es nicht immer und jederzeit vorhanden ist. Ich will jedenfalls mein Vertrauen in meine Mitmenschen und meine Umwelt behalten, ich will nicht in ständiger Unsicherheit leben müssen. Was ich auf keinen Fall sein will, ist ein Mensch, der nichts und niemandem mehr vertraut. Aber ich denke, dazu bin ich auch gar nicht der Typ. Die Gefahr, so zu werden, ist zumindest bei mir überschaubar.

Meine Mutter würde über mich Folgendes sagen: „Anoş ist ein sehr gutgläubiges Mädchen, sehr hilfsbereit und manchmal auch sehr gereizt." Haha! – Stimmt doch haargenau! Mich bringen ständig Dinge auf die Palme, vor allem Unwahrheiten und Ungerechtigkeiten.

Ich war zum Beispiel einmal bei der Vienna Fashion Week, ein toller Event, bei dem österreichische ModedesignerInnen und KünstlerInnen zeigen, was sie draufhaben. Außerdem ein Event, bei dem man sich auch als Zuschauerin wahnsinnig toll vorkommen kann, wie in dem Film „Der Teufel trägt Prada", wenn die Stars im Blitzlichtgewitter in der ersten Reihe sitzen, sich mit Fächern Luft zufächeln und sich andere Stars, nämliche die Topmodels auf dem Laufsteg, anschauen, die die neusten Kleider von Star-Designern präsentieren. Ja, da war ich auch dabei, allerdings muss ich zugeben, in der zweiten Reihe, aber das hat es um nichts weniger glamourös für mich gemacht. Was an diesem Tag allerdings mehr als nur unglamourös war, war die Tatsache, dass mich ein Security-Mann als Hure beschimpfte, weil ich ihn gefragt habe, ob meine Freundin und ich auf die Tribüne gehen dürfen, um die Modenschau besser zu sehen. Keine Ahnung warum, aber dieser Mann hat mich so dermaßen ordinär beschimpft, dass meine Freundin und ich im ersten Moment gar nicht wussten, wie wir reagieren sollten. Was mich im Nachhinein besonders geärgert und verletzt hat, war, dass uns niemand in unserer Umgebung geholfen hat. Auch keine der vielen Frauen, die ebenfalls die Fashion Show besuchten. Alle in unserem Umkreis müssen die Situation miterlebt haben, das habe ich ja sogar selbst gesehen, verschämte Blicke und Getuschel, aber niemand, wirklich niemand hat die Initiative ergriffen, uns zu unterstützen oder zumindest den Security-Mitarbeiter von uns abzubringen.

Ich weiß, wie ich reagieren würde: Ich würde mich an die beiden Frauen wenden und sie in ein lockeres Gespräch verwickeln, den Typen würde ich links liegen lassen. Der Angreifer soll das Gefühl bekommen, ignoriert zu werden, die Opfer sollen abgelenkt und gestärkt werden und merken, dass sie nicht allein sind, dass es auch Menschen gibt, die normal mit ihnen reden können. Diese Taktik funktioniert sehr gut, auch bei sexistischen oder rassistischen Übergriffen auf der Straße oder in öffentlichen Verkehrsmitteln. Meiner Erfahrung nach und dem nach, was mir meine Freundinnen dazu erzählen, die das meist selbst kennen, sind es meistens sogar sexistische *und* rassistische Übergriffe, die Opfer sehr oft Frauen und nicht selten Angehörige einer religiösen Minderheit: Musliminnen etwa, die wegen ihres Kopftuches angegriffen oder angepöbelt werden. Die Angreifer sind fast immer Männer, wie in meinem Fall. Bis heute weiß ich nicht, warum der Mann auf der Modenschau so ausgeflippt ist und derartig beleidigend und übergriffig wurde. Mir fällt kein Grund ein, der so etwas rechtfertigen würde.

Heute bin ich in meinen 40ern angekommen, Anfang der 40er, wohlgemerkt. Ich merke sehr wohl, dass die letzten vier Jahrzehnte nicht spurlos an mir vorübergegangen sind und ich einiges dazugelernt habe. Ich mag das Gefühl, Lebenserfahrung zu haben. Ich fühle mich gelassener, ruhiger und sicherer. Ich bin nicht mehr so naiv wie als junges Mädchen. Ich glaube immer noch an das Gute in allen Menschen, aber ich bin auch nicht mehr so überrascht, enttäuscht und überfordert, wenn es nicht zum Vorschein kommt. Und: Ich bin zielstrebiger geworden mit der Zeit, das ist auch eine Eigenschaft, auf die ich immer schon stolz war und die jetzt besonders ausgeprägt ist bei mir. Früher aber habe ich oft nicht so genau gewusst, wohin ich wirklich möchte, im Beruf genauso wie im Privatleben. Man sieht es anhand meiner anfänglichen Schwierigkeiten bei der Studienwahl. Heute aber ist der Weg fast immer klar. Ich habe gelernt zu wissen, was ich nicht will. Ich liebe es zu wissen, was ich will. Das gibt mir Kraft, ich fühle mich stark und selbstsicher dadurch. Ich gebe zu, manchmal will ich vielleicht das Falsche, aber das fällt einem ja immer erst im Nachhinein auf. Fehler passieren auch mit mehr Lebenserfahrung noch, aber ich kann heute besser damit umgehen. Im Türkischen sagt man „Hayırlısı neyse o olsun", was so viel bedeutet wie: Wenn es gut beziehungsweise gesegnet ist, dann soll das auch so sein.

Pech in der Liebe

Aşkta ki şanssızlık

Gesegnet war ich, zumindest in Liebesdingen, nie. Ich kann mich noch an meine allererste Liebe erinnern, ich war verknallt bis über beide Ohren. Ich muss zehn Jahre alt gewesen sein, er vielleicht elf oder zwölf. Jedenfalls hat er ausgesehen wie ein Traumprinz aus einem Märchen. Ich habe damals wirklich „Aladin" gelesen, die Variante für Kinder, die Originalgeschichte aus „Tausendundeine

Nacht" war zu schwer zu lesen (Aladin heißt darin in Wirklichkeit ja auch Ala ed-Din und kommt aus China). Diese Geschichte hat mich damals jedenfalls besonders fasziniert, weil Aladin aus der Geschichte ungefähr in meinem Alter gewesen sein muss. Er war ein Kind und trotzdem hat er schon so viel erlebt, seinen bösen Onkel ausgetrickst, der ihn eigentlich in einer Höhle verhungern lassen wollte, die Wunderlampe und den Wunderring hätte auch ich gerne gehabt und Aladin war obendrauf auch noch extrem gutaussehend (zumindest in meiner Fantasie). Ja, ich habe mich als Zehnjährige in Aladin mit der Wunderlampe verliebt und der Bursche, der da so plötzlich in mein wirkliches Leben getreten war, sah genau so aus, wie ich ihn mir vorgestellt hatte. Er war kurze Zeit in derselben Klasse wie ich, wir saßen sogar nebeneinander, richtig miteinander geredet haben wir aber nie. Ich weiß nicht, ob er auf mich auch ein Auge geworfen hatte, weil ich immer zu aufgeregt war. Sobald ich das Gefühl hatte, er schaut her, schaute ich weg. Sobald ich wusste, dass er sich unbeobachtet fühlt, himmelte ich ihn an. Aus irgendeinem Grund war er nicht lange in meiner Klasse, ich habe ihn dann nur mehr zufällig im Park gesehen, wenn ich nach der Schule mit Freundinnen dorthin gegangen bin. Nicht einmal denen, also meinen Freundinnen damals, habe ich erzählt, wie es mir geht, das wäre alles viel zu peinlich gewesen. Naja, wie sich herausgestellt hat, war er nicht Aladin, sonst hätte das alles ja ein Happy End haben müssen. Das hatte es aber nicht.

Viele Jahre später, lange nach der Aladin-Geschichte, ich war bestimmt schon 18 oder 19 Jahre alt, hat mich mein ältester Bruder eines Tages gefragt, ob ich schon einmal einen Freund gehabt hätte oder einen habe. Das war das erste Mal, dass diese Angelegenheit in der Familie thematisiert wurde. Nie zuvor hat irgendjemand mit mir darüber gesprochen, geschweige denn, dass es ein Aufklärungsgespräch gegeben hätte. Das war jetzt nicht weiter schlimm für mich, denn so war es nun einmal. Keine Ahnung, ob das etwas mit der Herkunft meiner Familie zu tun hat oder ob sich auch westliche Familien schwertun mit allzu privaten Themen. Jedenfalls hatte ich sowieso zu dieser Zeit keinen Freund, damit war das Thema ohnehin gleich wieder vom Tisch. Vorerst, denn ein paar Jahre später hatte ich einen Freund und der hat mich auf noch gefragt, ob ich ihn heiraten wolle. Ich wollte eigentlich nicht. Nicht seinetwegen, sondern weil ich eigentlich grundsätzlich nicht heiraten wollte. Ich wollte immer eine besonders starke Frau werden und dazu gehörte auch, unabhängig zu sein, von mir aus eine „wilde Ehe" zu führen, aber eben nicht offiziell zu heiraten.

Trotzdem habe ich Ja gesagt, am Ende waren dann doch die gesellschaftlichen Konventionen stärker als mein Wunsch, jemand zu sein, der ich noch nicht war. Nicht-Heiraten war am Ende eine romantische Vorstellung für mich, aber für niemanden in meiner Umgebung eine Option. Und so haben wir nach dreieinhalb Jahren Beziehung geheiratet. Es war bei Weitem nicht so, dass ich deswegen unglücklich gewesen wäre. Im Gegenteil: Ich habe diesen Mann ja geliebt, es war nur so, dass es vielleicht auch andere Möglichkeiten gegeben hätte, nur dazu hätten wir beide aus dem System ausbrechen müssen, in dem wir uns aber auch sicher und geborgen fühlten. So ist das mit Komfortzonen.

Ich gebe zu, dass ich, obwohl ich nicht wirklich heiraten wollte, mir sehr wohl – auch schon als kleines Mädchen – Gedanken gemacht hatte, wie es wäre, wenn. Und da war immer klar: Es sollte auf einem Strand irgendwo in der Türkei passieren, romantisch bei strahlendem Sonnenschein, das Rauschen des Meeres im Hintergrund. Das Brautpaar steht unter einem blumengeschmückten Bogen, der eigens dafür geschnitzt wurde – und wenn sie nicht gestorben sind, dann heiraten sie noch heute.

Tatsächlich geworden ist es eine typisch anatolische Mega-Hochzeit irgendwo in einem Veranstaltungssaal in Wien: 500 geladene Gäste, die auch alle gekommen sind. Im Grunde war gefühlt jeder Mensch, den ich bis dahin jemals in meinem Leben getroffen hatte, dabei, es wurden sogar die Nachbarn von entfernten Bekannten mitgenommen. Ich war regelrecht froh, als das Ganze vorbei war. Kein gutes Vorzeichen für eine Ehe.

Trotzdem war ich die nächsten Jahre wider Erwarten eine richtig gute Ehefrau. Vor der Hochzeit habe ich schon mitbekommen, dass mir viele nicht zutrauten, Ehefrau zu sein. Gemeint ist bei Menschen aus Ostanatolien mit dem Begriff *Ehefrau* eigentlich immer *Hausfrau*. Ich wusste ja, wie selbst meine Familie über mich dachte: „Eser kann nicht kochen, sie ist ein verwöhnter Fratz, wie will die sich um einen ganzen Haushalt kümmern?“, und – oh mein Gott – Wäschewaschen und Bügeln? Und sie hatten recht, all das hat mich wirklich überfordert. Kochen konnte ich zum Beispiel wirklich nicht, aber ich habe schnell gelernt! „Çırak ustayı geçer" heißt wortwörtlich: „Der Lehrling wird besser als der Meister." Ich verschwendete damals wirklich viel Energie darauf, eine gute Ehe- beziehungsweise

Hausfrau zu werden. Ja, und das, obwohl ich eigentlich eine starke, unabhängige Frau sein und gar nicht heiraten wollte. So viel zu meiner damaligen Zielstrebigkeit.

Ich wollte aber auch nicht, dass alle anderen recht haben, die glaubten, ich würde das nicht hinkriegen. Ich war nach wie vor zu tief in meiner Komfortzone gefangen, in meinem bekannten und sicheren Umfeld. Vielleicht noch viel tiefer als je zuvor. Ich bin ja wirklich normalerweise kein Mensch, der sich an Dingen wie Kochen, Putzen und Wäschewaschen misst, das war ich im Grunde auch damals nicht, aber ich wollte den anderen die Genugtuung nicht bieten. Traurig eigentlich, aber so war es eben!

Sechseinhalb Jahre später ließen wir uns scheiden. Es ist nichts Schlimmes passiert, wir haben uns nur auseinandergelebt, wie es immer so schön heißt. Im Grunde aber ist mir klar, dass diese Ehe von Anfang an zum Scheitern verurteilt war, weil wir uns beide verbogen haben, im Grunde spielten wir ein perfektes anatolisch-österreichisches Ehepaar, wir waren es aber nicht. Ich spielte eine gute Hausfrau, die ich gar nicht sein wollte. Wir hatten schon eine Hochzeit gefeiert, die wir so gar nicht haben wollten. Vielleicht wären wir immer noch zusammen, hätten wir die „wilde Ehe" fortgesetzt und uns nicht so sehr darauf konzentriert, was unsere Familien und Freunde dachten und von uns erwarteten. Vielleicht wären wir immer noch zusammen, wenn wir nur das getan hätten, was wir selbst wollten und nicht das, was unsere Community wollte. Vielleicht hätte es funktioniert, wenn wir im kleinen Kreis, romantisch am Strand geheiratet hätten. Was weiß ich: „Hätt i, war i, tät i ..."

Geschwisterliebe

Kardeş sevgisi

Ich bin mit vier Brüdern aufgewachsen und das hat große Vorteile, kann ich Ihnen sagen: Ich kenne zum Beispiel alle Bruce-Lee- und Jean-Claude-Van-Damme-Filme, „Raumschiff Enterprise" und „Der Pate" mehr oder weniger auswendig. Ich kenne die Fußballspieler meiner Kindheit und ich habe Nahkampf-Erfahrung. – Ich hatte als Kind und Jugendliche praktisch jahrelang gratis Selbstverteidigungsunterricht zu Hause.

Mein ältester Bruder Özaydın (seinen Namen hat er übrigens auch nicht geändert) ist heute ein recht erfolgreicher Schauspieler und Kabarettist. Sie sollten ihn googeln! Oft, wenn ich jemandem von ihm erzähle und dann ein Bild von ihm herzeige, kommt vom Gegenüber dann: „Ah! Den habe ich wirklich schon einmal wo gesehen!" Özaydın hat schon mit Größen wie Christoph Waltz, Tobias Moretti oder Ursula Strauß gespielt. Er war bei „SOKO Kitzbühel" und „SOKO Donau", beim „Tatort", im Film „Die Migrantigen" und der Komödie „Kebab – Extrascharf!", mit Christoph Waltz hat er in dem TV-Mehrteiler „Das jüngste Gericht" gespielt. Ich persönlich finde ja, dass er sein eigenes Buch schreiben sollte. Denn das, was er erlebt hat, ist filmreif! Dass aus Özaydın einmal so jemand werden würde, davon hat wirklich niemand je zu träumen gewagt! Nämlich nicht nur beruflich, sondern auch persönlich und menschlich. Hochachtung, Bruderherz! Für mich war Özaydın früher immer der typische Rowdy; kein böser Mensch, aber einer, der sich nichts gefallen lässt und der es immer und überall darauf ankommen lässt, der gerne provoziert. Meine Anne hat erzählt, dass er erst in Österreich so geworden ist, und davor, daheim in der Türkei, noch ganz anders gewesen sei, ein anständiger Bursche, intelligent, sanft und mitfühlend. Angekommen in Österreich hatte er echte Probleme, sich zurechtzufinden. Er war es ja, der gleich am Anfang in eine Sonderschule gesteckt wurde, obwohl er ein paar Monate davor in der Türkei noch der Klassenbeste war. Ich selbst kenne ihn ja nur aus Österreich, weil ich erst hier geboren wurde. Aus meiner Sicht als kleine Schwester hatte er es wirklich schwer und er erlebte sein Leben lang mehr Tiefs als Hochs. Ich glaube, niemand hätte es gewundert, wenn er auf die schiefe Bahn geraten wäre, er hat aber Gott sei Dank immer die Kurve gekratzt. Und heute? Heute ist er ein richtiger Künstler. Seine Rauheit und Wildheit ist zwar noch da, aber in Kreativität und Menschenliebe gehüllt. Das klingt jetzt furchtbar kitschig, aber genau so kommt es mir vor. Ein perfekter Charakterdarsteller, und wie geschaffen für das, was er heute macht!

Kemal, mein zweitältester Bruder, hat 1991 nach Deutschland geheiratet und lebt dort immer noch. Er ist Vater von zwei Söhnen, die ich leider viel zu selten sehe. Von Kemal habe ich leider nicht wirklich viel mitbekommen, weil er schon wegging, als ich erst elf Jahre alt war. Ähnlich war es mit Serdar, meinem drittältesten Bruder. Er ging ebenfalls nach Deutschland, als ich noch ein Kind war. Er hat auch einen ziemlich coolen Job dort: Er ist Barista-Trainer bei Nespresso und hat drei extra-süße Töchter, die ich auch viel zu selten sehe!

Meine Schwester Pınar ist ebenfalls in Deutschland, lebt mit ihrem Mann etwas außerhalb von Frankfurt und hat zwei entzückende Töchter. Pınar haben Sie ja schon etwas besser kennengelernt. Sie ist meine zweite Mama, zu ihr hatte und habe ich die innigste Beziehung, obwohl ich alle meine Geschwister liebe. Aber bei ihr hat alles gestimmt, sie war genau im richtigen Alter damals, nur sechs Jahre älter als ich, während die älteren Brüder mir damals schon immer wie Hochhäuser vorkamen, so groß waren sie für mich.

Der jüngste Bruder, den ich habe, vier Jahre älter als ich, ist Ismail oder Isi. – Er ist der Einzige, der in Wien geblieben ist. Er macht gerade eine Ausbildung zum Reiseleiter (vielleicht ist er damit ja schon fertig, wenn Sie das hier lesen) und ist mit Abstand der Intelligenteste von uns allen. Das darf man ihm allerdings nicht persönlich sagen, sonst wird er eingebildet.

So eine Großfamilie ist schon etwas Tolles! Du weißt immer, dass du jemanden hast, auf den du zählen kannst. Für mich ist es, wie gesagt, vor allem meine Schwester Pınar. Für Isi zum Beispiel ist es der Älteste Özaydın, und für Kemal ist es Serdar und umgekehrt. Jeder von uns hat seinen Herzensmenschen in der Familie.

Freundschaft

Mit der Zeit habe ich sehr liebe Menschen kennengelernt oder wieder getroffen, auch wenn es nicht viele sind. „Az olsun öz olsun", sagt man auf Türkisch, „es soll wenig sein, aber dafür echt", ist die wortwörtliche Übersetzung.

Mit einer Freundin zum Beispiel mache ich unterschiedliche Projekte im Bereich Integration, mit einer anderen bin ich auch familiär gut befreundet und mit allen anderen ebenfalls. Jede von ihnen ist für mich sehr wertvoll, und mehr brauche ich eigentlich auch nicht. Genügsam war ich ja schon immer.

Und eine Scheidung verändert einen auch auf eine Art und Weise – ich bin in vielen Dingen gelassener geworden, das bestätigen auch meine Mitmenschen. Ich habe versucht oder versuche noch immer, einige Dinge im Leben nicht ernst zu nehmen. Und das soll jetzt kein Ratgeber sein für: „Was ist der Sinn des Lebens?" Für mich war das damals eine Lebensumstellung. Deshalb versuche ich mein Leben nach meinen Wünschen zu richten und das zu machen, was mir persönlich wichtig ist, wie zum Beispiel viel Zeit mit meinen Liebsten zu verbringen, verschiedene Projekte zu erarbeiten oder eben dieses Buch hier zu schreiben.

Ich weiß zwar nicht, wohin es mich als Nächstes verschlägt, aber eines möchte ich unbedingt noch machen, auch, wenn ich gerade noch an diesem Gedanken feile: Aufgrund der Tatsache, dass ich mit einer Analphabetin als Mutter aufgewachsen bin, würde ich gerne Mädchen und Frauen unterstützen, die nicht lesen und schreiben können. Laut UNESCO sind mindestens 750 Millionen Menschen weltweit Analphabeten, zwei Drittel von ihnen sind Frauen – und das im 21. Jahrhundert! Ich weiß noch nicht genau, was ich machen werde, nur dass ich etwas machen werde. Das ist so ein Lebensziel von mir.

Einer der berühmtesten Sprüche des Mystikers und Begründer des anatolischen Alevitentums, Hacı Bektaş Veli, lautet: „Kadınlarınızı okutunuz, kadınları okumayan millet yükselemez." Übersetzt heißt das: „Ermöglicht den Frauen eine gute Bildung, denn eine Gesellschaft, die das verhindert, kann sich nicht erheben." – Punkt!

Heimat

Eine meiner schönsten Erinnerungen an meine Kindheit sind die jährlichen Reisen in  die Türkei. Und damit meine ich wirklich das Reisen selbst, wir sind nämlich immer mit unserem Auto, besser gesagt unserem weißen Dolmuş (Kleinbus), losgefahren. Der Wagen war vollgepackt und meine Mama hat für mich und Isi ganz hinten ein kleines Bett gemacht. So sind wir dann durch Ungarn, Serbien und Bulgarien nach Istanbul gefahren. Ich glaube, es hat 18 Stunden gedauert, bis wir in Kapıkule/Edirne (türkische Grenze) angekommen sind und dann noch viele weitere Stunden, je nachdem wie freundlich die Grenzbeamten waren. Mit einer Tafel Milka-Schokolade, einem Cola, einer Packung Zigaretten (bestenfalls Marlboro) und einer Packung Tee waren sie sehr pflegeleicht. Diese Dinge hatten wir immer in rauen Mengen dabei, auch für die Verwandtschaft. Wenn Sie sich jetzt fragen, warum Tee? – Aus irgendeinem Grund schmeckt türkischer Tee in Österreich besser als türkischer Tee in der Türkei. Niemand weiß, warum das so ist, aber jeder weiß, dass es so ist. Also haben wir aus Österreich auch immer türkische Teespezialitäten in die Türkei mitgenommen. Außerdem erwartet man das in der Türkei von uns Gurbetçis (Auslands-Türken): „Ihr lebt in Europa, ihr habt viel Geld!", hieß es immer.

Urlaub machen sah folgendermaßen aus: In Istanbul waren wir meistens ein paar Tage, irgendwann haben sich meine Eltern damals dort sogar eine Wohnung gekauft. Zu der Zeit war es ja noch verhältnismäßig billig dort. Danach sind wir ins Dorf nach Dersim (heute Tunceli) gefahren. Dort haben wir vielleicht eine Woche verbracht und die restliche Zeit, meistens waren wir insgesamt vier Wochen in der Türkei, waren wir bei meinen Großeltern väterlicherseits in Erzincan.

Dadurch, dass meine Mutter Rheuma hatte, hat mein Vater sich auf die Suche nach Thermalbädern gemacht. Gefunden hat er sie in Mazgirt, dem sogenannten Bağın Kaplıcaları, auch heute noch eines der berühmtesten Thermalheilbäder in der Türkei. Dieser Kurort hat meiner Mutter geholfen, die Entzündung zu beseitigen und die Schmerzen zu lindern. Nach vier Wochen hieß es wieder: ab in den Dolmuş und zurück nach Hause – von der alten in die neue Heimat.

Damals liebte ich diese ewig langen Autoreisen. Der Weg war das Ziel. Als ich das erste Mal mit 18 allein Urlaub machen durfte, wollte ich natürlich auch in die Türkei. Das war dann das erste Mal, dass ich dorthin geflogen bin. Seit ich weiß, wie schnell man von Wien aus in Istanbul ist und wie bequem diese Reise sein kann, bin ich nie wieder in den Dolmuş eingestiegen.

„Insanoğlu kuş misali" – die Menschen sind wie Vögel, sagt man im Türkischen. Nicht, weil wir heute mit Flugzeugen fliegen können, sondern weil auch Menschen eigentlich keine Grenzen brauchen. Wir haben sie im Kopf, um uns selbst zu definieren, uns von anderen abzugrenzen und andere auszugrenzen, aber in Wirklichkeit gibt es keine Grenzen – und wir brauchen sie auch nicht. Davon bin ich zutiefst überzeugt. Wenn ich mir die Zukunft vorstelle, also wie die Welt in hundert Jahren aussieht, dann stelle ich sie mir immer als Allererstes GRENZENLOS vor.

Die Erzählungen am Beginn jedes Kapitels in diesem Buch sind an folgende Märchen angelehnt (und die kursiv gesetzten Stellen direkt aus ihnen übernommen):

Unvorhergesehene Wolken: *Alice im Wunderland* (Lewis Carroll)

Hinter dem Spiegel: *Schneewittchen* (Gebrüder Grimm)

Im heißen Land: *Der Schatten* (Hans Christian Andersen)

Die Herrin des Ringes: *Ala ed-Din und die Wunderlampe* (Tausendundeine Nacht)

Auf Reisen: *Der Schatten* (Hans Christian Andersen)

Verschiedene Welten: *Schneewittchen* (Gebrüder Grimm), Alice im Wunderland (Lewis Carroll)

Das Mädchen mit dem Feuerzeug: *Das kleine Mädchen mit den Schwefelhölzchen* (Hans Christian Andersen)

Mamas Prinzessin: *Die Prinzessin auf der Erbse* (Hans Christian Andersen), *Märchen von einem, der auszog das Fürchten zu lernen* (Gebrüder Grimm)

3. Auflage

Laura Wiesböck

In besserer Gesellschaft

ÜBER DEN MYTHOS GLEICHHEIT UND WIE WIR ANDERE ABWERTEN

„Aber wir sind doch alle gleich!" Der Schlachtruf der aufgeklärten Gesellschaft ist zugleich ihr größter Stolperstein. In Wirklichkeit sind wir bestrebt, uns anderen Menschen gegenüber abzugrenzen. Weniger Privilegierte pochen auf ihren ehrlichen „Hacklerstatus" und wettern gegen die Schnösel „da oben"; das sogenannte Bildungsbürgertum schüttelt den Kopf pikiert über Wähler rechtspopulistischer Parteien und bestellt mit wohligem Gefühl das Bio-Kisterl. Die Soziologin Laura Wiesböck geht unserer Sehnsucht nach Überlegenheit mit Verve, Witz und Wissen auf den Grund – und fördert dabei auch unangenehme Wahrheiten zutage.

208 Seiten | ISBN 978-3-218-01133-4| 22,00 €

Yvonne Widler

Sie sagt, er sagt

ZWISCHEN TINDER UND EWIGER LIEBE – EHRLICHE GESPRÄCHE ÜBER DAS GRÖSSTE GEFÜHL DER WELT

Die Liebe. Ach! Zu kaum einem Thema wird mehr publiziert. Die Journalistin Yvonne Widler traut sich trotzdem. Warum? Weil sie wissen möchte: Was bedeuten Liebe und Beziehung heutzutage? Einerseits findet gerade die „Tinderisierung" des Datingverhaltens statt. Auf der anderen Seite leben wir in einer Gesellschaft, die die treue, langanhaltende Liebe auf ein romantisches Podest stellt. Wie verträgt sich das? Anhand von persönlichen Gesprächen nähert sich Yvonne Widler den Antworten auf die brennenden Liebesfragen unserer Zeit. Und übrigens: Dies ist kein Beziehungsratgeber.

192 Seiten | ISBN 978-3-218- 01160-0 | 22,00 €

Andreas Sator
Alles gut?!

**WARUM WIR NICHT ALLES GUT, ABER SEHR VIEL BES-
SER MACHEN KÖNNEN**

Warum geht es uns so gut, während noch so viele arm sind –
und hängt das zusammen? Welche Verantwortung haben wir
und was können wir tun? Was bringt Fair Trade wirklich? Wofür
Spenden? Welche Politik brauchen wir? Andreas Sator hat nicht
nur gefragt, er hat Antworten gefunden. Er reist nicht nur um
die Welt, sondern hinterfragt vor allem die eigene Komfortzone.
In „Alles gut?!" plädiert er für einen bewussten, informierten
und vor allem optimistischen Umgang mit unserer Welt als glo-
balem Dorf – und inspiriert damit dazu, sich selbst Gedanken zu
machen, was man tun kann, um zu helfen.

192 Seiten | ISBN 978-3-218- 01181-5| 22,00 €

www.kremayr-scheriau.at

ISBN 978-3-218-01205-8
Copyright © 2020 by Verlag Kremayr & Scheriau GmbH & Co. KG, Wien
Alle Rechte vorbehalten
Covergestaltung unter Verwendung eines Fotos von Manfred Weis, typo-
grafische Gestaltung und Satz: Sophie Gudenus, Wien
Alle Illustrationen: Hüseyin Işık
Bildnachweis: Alle Fotos Eser Akbaba/privat; mit Ausnahme von S. VI
oben APA/HANS PUNZ; S. VI unten APA/Ali Schafler/FIRST LOOK –
FLO; S. VII ORF/Günther Pichlkostner
Lektorat: Marilies Jagsch
Druck und Bindung: GGP Media GmbH, Pößneck